少年▷探▷索▷发▷现▷系▷列
EXPLORATION READING FOR

你不可不知的
科学之谜

总策划/邢 涛　主编/龚 勋

汕头大学出版社

前言

令人惊叹的科学世界……

FOREWORD

大千世界，变幻莫测，无数秘密蕴藏其中。时光能不能倒流？谁能跑得比光快？金属也会"疲劳"吗？人类还会进化吗？人类能不能克隆自己？艾滋病从哪里来？机器人能否取代人类？纳米技术能攻克癌症吗？……这些不可思议的谜既有价值又有趣味。为了让孩子们把求知的目光转向这些科学之谜，培养他们对科学的兴趣以及探索未知世界的勇气，我们编撰了这本《你不可不知的科学之谜》。

本书分为四部分，分别从数理化、生命科学、古代科技、科技前沿等领域中选取了许多有趣、离奇的科学谜团，通

过丰富的资料与精美的图片向孩子们展示奥妙无穷的科学世界。为了帮助孩子们更好地理解本书内容，我们在每个标题下设置了两个重要问题，作为阅读提示。

希望本书能够帮助孩子们解答科学领域中的某些困惑，让他们对我们所处的世界有更深的认识。同时也让他们知道，科学探索的道路既充满乐趣也充满艰辛，科学领域中还有许多的谜团等待我们去解开。希望本书成为神奇的钥匙，为孩子们打开探索未知世界的大门。

CONTENTS 目录

第一章 难解的数理化之谜

2 谁发明了数字

3 斐波那契数列之谜

4 黄金分割的奥秘

5 暗藏在金字塔里的数字

6 物质大家族探秘

8 奇异的物质第四态

10 寒冷有尽头吗

11 时间究竟是什么

12 时光真能倒流吗

13 四维空间存在吗

14 寻找时空隧道之门

16 谁能跑得比光快

17 人体悬浮空中之谜

18 次声波制造的诡异现象

20 雷电之谜

22 神奇的电磁能

24 揭秘地磁场的移动

26 热水比冷水结冰快吗

27 如何利用可燃冰

28	神秘的元素
29	金属也会"疲劳"吗
30	揭开磁化水的面纱
32	磁铁人之谜
33	有记忆的金属
34	托素湖的神奇铁管
36	神奇的金属氢
37	发现新元素的极限
38	水合电子的奥秘
40	三门峡的无名怪火
42	通古斯大爆炸疑云
44	金字塔能的奥秘

第二章
生命科学探奇

46	寻找生命的起源
48	男人会在进化中毁灭吗
50	生命为何选择螺旋结构

52	生命素真的存在吗	67	神奇的"生命钥匙"
53	人类还会进化吗	68	扑朔迷离的基因
54	记忆是如何存储的	70	口吃由基因决定吗
56	人类记忆可以移植吗	72	奇异的显微镜眼
58	部分记忆来自肚皮吗	73	移植心脏会改变性格吗
60	"嗅觉大脑"之谜	74	人类也能让器官再生吗
61	语言"切换"的奥秘	76	为何会有连体人
62	人为什么要睡觉	77	地球上发现的新生命
63	人体内有没有"瞌睡虫"	78	人类和黑猩猩的基因组
64	梦游之谜	80	死亡村村民猝死疑云
66	人可以返老还童吗	81	生命可以"冻存"吗

- 82 人类能不能克隆自己
- 84 揭开病毒的神秘面纱
- 86 疾病之间会相克吗
- 88 不可思议的催眠术
- 90 人体变石雕之谜
- 91 人体经络之谜
- 92 变化多端的HIV
- 94 AIDS究竟从何而来
- 96 梦中的灵感之谜
- 98 灵感来自何方
- 99 人为什么会做梦
- 100 月亮会使人发疯吗

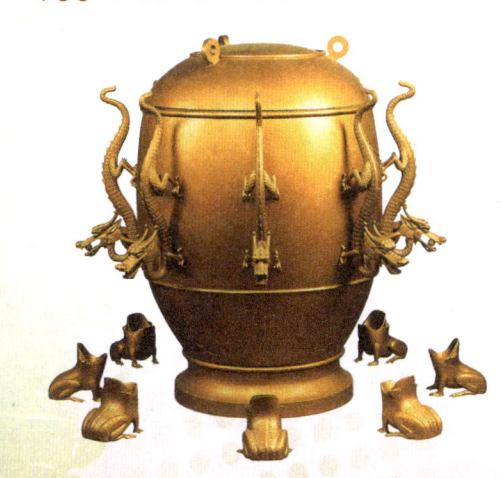

第三章 古代科技谜团

- 102 神奇的石头窗户
- 103 齿轮计算机之谜
- 104 金属尸体之谜
- 105 木乃伊制作之谜
- 106 破解印加人的奇谱
- 108 神秘的巴格达电池
- 109 冶炼技术之谜
- 110 古代脑科手术之谜
- 111 "河图洛书"的奥秘
- 112 车是黄帝发明的吗
- 113 古代"机器人"之谜
- 114 难解的地动仪之谜
- 115 祖冲之计算圆周率之谜
- 116 指南针的身世谜团

118 印刷术西传之谜

120 古代麻醉药之谜

122 木牛流马到底是什么

124 莺莺塔的蛙音之谜

126 天坛回音壁之谜

127 五音桥的奇妙乐音

128 "日月争辉"之谜

136 陨石连续降落之谜

137 奇冰降落之谜

138 人体静电能给手机充电吗

140 机器人能取代人类吗

142 饱受争议的"芯片人"

143 人体芯片能否与人脑相连

144 生物芯片之谜

第四章
追踪科技前沿

130 神秘的怪坡

132 "神秘地带"为何怪事多

134 印度红雨之谜

146 揭秘高温超导体

148 "太阳脉动"能实现吗

150 纳米技术能攻克癌症吗

[第一章]

难解的数理化之谜

从遥远的宇宙到我们身边的世界，有很多神奇的现象都可以运用数理化方面的知识来解释。但是，在数理化王国中，也有许多疑问至今还没有找到确切的答案。如：谁发明了数字？寒冷有没有尽头？四维空间是否存在？……下面，就让我们一起进入这个神奇的数理化王国吧，相信你一定会有意想不到的收获！

谁发明了数字

阿拉伯数字是阿拉伯人发明的吗？
到底谁发明了最早的计数方法？

数字是表示数量的一种简便方法，在我们生活中有很重要的位置。我们现在所使用的数字是阿拉伯数字，它以十进制为基础，采用了十个计数符号：0、1、2、3、4、5、6、7、8、9。那么，是谁发明了阿拉伯数字呢？

一直以来，人们都认为是古印度人发明了包括0在内的十个计数符号，还发明了现在一般通用的定位计数的十进位法。有了定位计数，同一个数字符号因其所在位置的不同，所表示的数值就会不同。如果某一位没有数字，则用"0"表示。只是，后来这十个计数符号由阿拉伯人传入欧洲，因而被欧洲人误称为阿拉伯数字。

新加坡大学的数学教授林来永曾向这一传统观点提出挑战。他对中国古籍研究后发现，最早发明计数方法的是中国人。早在公元前475年，中国人就发明了表示数字1~9的方法，比其他国家和地区早了1000年。遗憾的是，中国人没有把这种方法用书写的形式表达出来，因而不为人所知。林教授的这种观点有没有道理，到底谁是数字的真正发明者，还有待进一步考证。

> 在谁发明了数字的问题上，大家说法不一

斐波那契数列之谜

> 斐波那契数列是怎么来的？
> 斐波那契数列与黄金数有什么联系？

意大利数学家斐波那契曾出过一道有趣的数学题："如果一对兔子每月生一对小兔子，而每对小兔子在它们出生两个月后，又开始生一对小兔子。假定不发生意外的死亡，一对兔子一年后能繁殖多少对兔子？"这个问题引出了一个著名的数列：1，1，2，3，5，8，13，21，34，55，89，144……这就是"斐波那契数列"。

几百年后，澳大利亚一些在火灾中逃出动物园的兔子正按这个数列所揭示的规律繁殖，几十年后，数量竟达40多亿只。以后，人们又发现，自然界中的蜂群扩大、菊花、向日葵、松果、菠萝等植物的花序、果实或叶的排列都符合这个数列。

更为奇妙的是，该数列中任何一个数与后一个数的比值都接近0.618，即黄金数，而且越往后，越接近。

为什么这个数列能表达众多的自然现象？它是否像黄金数那样符合自然界中的某种普遍规律呢？这些至今仍是未解之谜。

◁ 按斐波那契数列的规律计算，一对兔子一年能繁殖233对兔子

少年探索发现系列
EXPLORATION READING FOR STUDENTS

▶ 黄金分割使枫叶显得特别美

黄金分割的奥秘

什么是黄金分割？
生活中有哪些黄金分割的事物？

在生活中，有一个与众不同的数，按这个数所包含的比例关系组成的事物通常表现出和谐与美。这个数就是0.618，即黄金数。为什么这个数如此有魅力呢？这就要从两千多年前说起了。

两千多年前，古希腊数学家欧多克索斯发现：将一条线段分割成长短不同的两段，如果短段与长段的长度之比恰好等于长段的长度与线段全长之比，那么这一比值约为0.618，这一分割被称为黄金分割，而0.618就被称为"黄金数"。后来，人们发现凡是符合这一比值的物体，看起来都比较优美。比如法国卢浮宫的美神维纳斯的雕塑，下身与全身之比恰好是0.618。

其实，0.618这个黄金数在自然界很常见。例如，形体比例匀称的人，他的肚脐眼就是身体总长的黄金分割点。此外，这个数值在绘画、雕塑、音乐、建筑等艺术领域也都有着不可忽视的作用。可是，黄金数到底反映了自然界中一个什么样的普遍规律呢？人类为何觉得在形体上拥有黄金数的物体是美的？至今仍是一个谜。

◀ 按黄金比例做成的维纳斯的雕像

你不可不知的科学之谜
INCREDIBLE MAGICAL MYSTERIES OF SCIENCE

暗藏在金字塔里的数字

金字塔里有哪些数字之谜？
金字塔里的数字关系是一种巧合吗？

世界著名的埃及胡夫金字塔，一直吸引着科学家们的目光。有人对它进行测量后，提出了如下一些暗藏在金字塔中的数字之谜：假如我们用胡夫金字塔塔底的周长除以高度的2倍，结果约等于圆周率的近似值3.14；胡夫金字塔高度的10亿倍，大致相当于地球与太阳之间的距离；塔自身的重量乘以10，重复15次后，结果正好等于地球的总重量。

这一切难道都是巧合吗？一些科学家认为，有些数字是巧合，还有些并不完全符合事实。譬如，以52°左右倾斜面建造的四方角锥，用其高去除其底边的2倍，都得到接近3.14的值。当然，也有些科学家认为事情并非那么简单，因为除金字塔外，其他建筑物都不能提供那么多代表相当科技含义的数字。看来，要揭开谜底，仍需人类不断努力。

◯ 金字塔里藏着许多跟数字有关的秘密

物质大家族探秘

中国古代的"五行说"是怎样描述物质的构成的?
目前已知的构成物质的基本粒子有哪些?

千姿百态的世界是由物质组成的。我们生活中的空气、水、泥土、花、草、面粉、塑料等都是物质。这些物质总共有好几百万种,俨然是一个庞大的物质家族。也许你又要问:物质又是由什么构成的呢?

▲ 夸克是组成中子、质子这类基本粒子的更基本单元

我们的祖先很早就开始探究这个问题了。有些古代学者提出了"五行说",他们认为金、木、水、火、土是构成物质世界的最基本物质,正是由于这五种最基本物质之间的相互滋生、相互制约的运动变化才构成了丰富多彩的物质世界。

探索与发现

物质永恒

物质会以很多种方式组合、分解与变化,但是物质不会凭空产生或消失。只有在核爆炸或太阳与其他恒星内部产生核反应,以及一些极为特殊的情况下,物质才会凭空被创造或毁灭。

到了近代,物理学家们发现,世界上的一切物质都是由许许多多我们肉眼看不到的微观粒子构成的,分子便是构成物质的一种微粒。而分子是可拆分的,在一定的条件下,分子又可被"拆成"更小的微粒——原子。到了20世纪初,物理学家们对物质构成的探索又有了新的进展。他们发现,原子也不是最小的微粒,它是由"基本粒子"构成的,而电子、光子、中子、质子,以及后来发现的正电子、中微子等都是基本粒子这个家族的成员。那么,这些基本粒子是不是构成物质世界的"最基本"的微粒呢?科学家的回答是否定的。因为实验结果已经显示:基本粒子也还有它内部的结构。也就是说,基本粒子也是相对而言的。物质的"最基本"的粒子到底是什么,科学家还在进一步探索之中。

> 原子也不是最小的微粒,它是由中子、质子等组成的。图为氖原子的内部结构

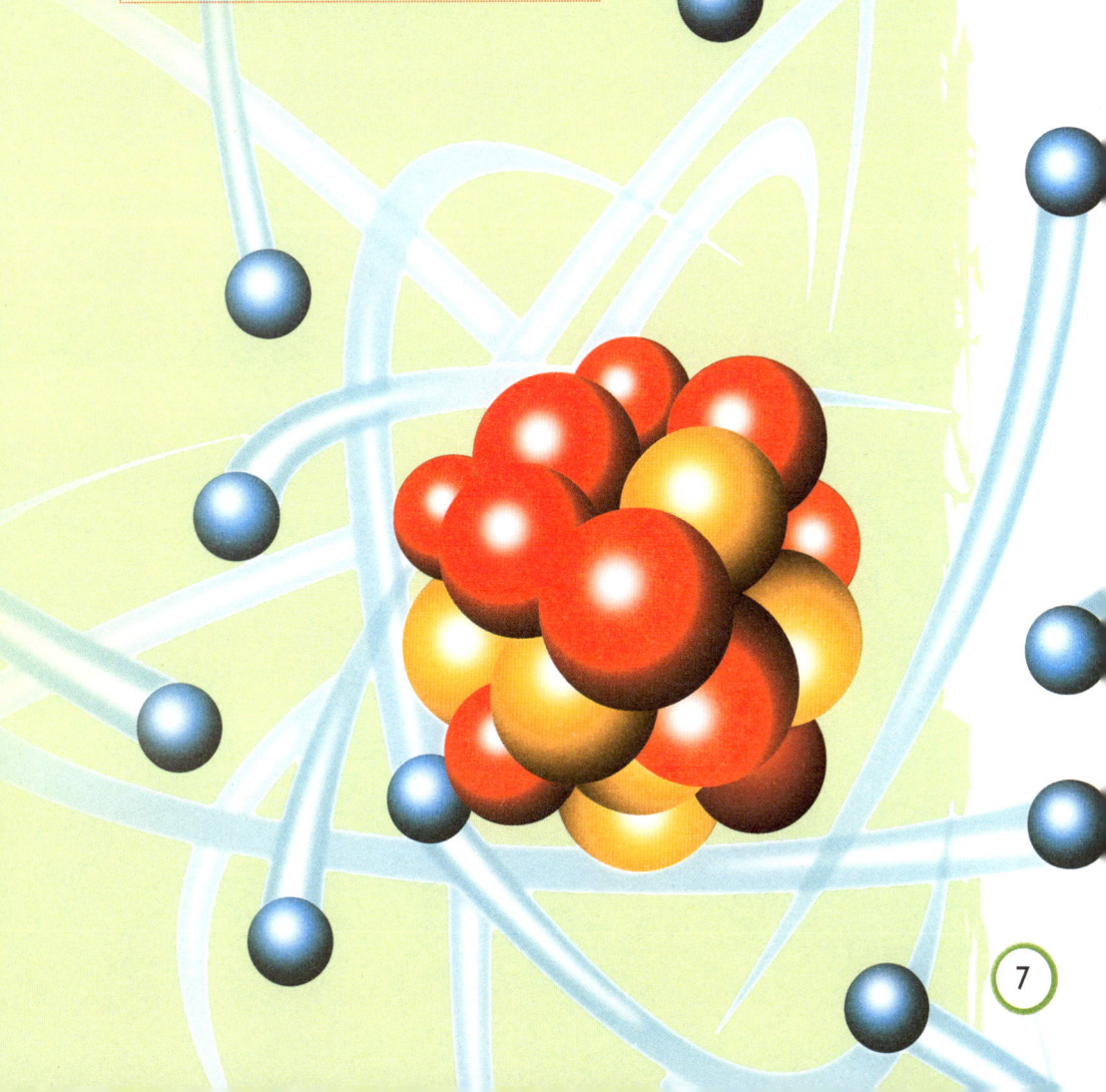

少年探索发现系列
EXPLORATION READING FOR STUDENTS

奇异的物质第四态

什么是物质第四态？
等离子态有哪些特点？

自然界中的物质都是以某种形态存在的，我们称为物态。最常见的三种物态是固态、液态和气态。固态的流动性差，它们能保持一定的体积和形状；液态的流动性较大，所以有一定的体积却没有一定的形状；气态性格活泼，没有固定的形状和体积。在一定条件下，这三者可以相互转化。近年来，科学家发现物质还有第四种物态，那就是等离子态。

什么是等离子态呢？通常情况下，当我们把冰加热到一定程度，它就会变成液态的水；如果继续升高温度，液态的水就会变成气态；如果继续升高温度到几千摄氏度以上，气体的原子就会抛掉身上的电子，发生气体的电离化现象。物理学家把电离化的气体叫作等离子态。在我们生活中，经常可以看到

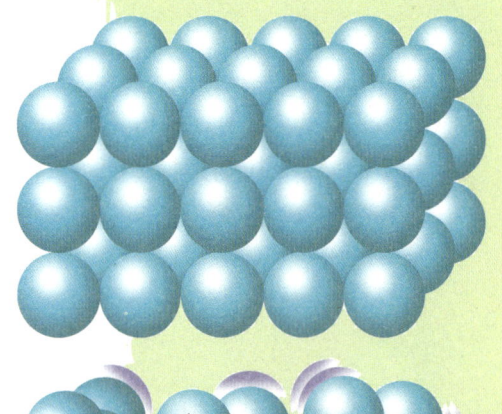

◀ 固态、液态及气态分子

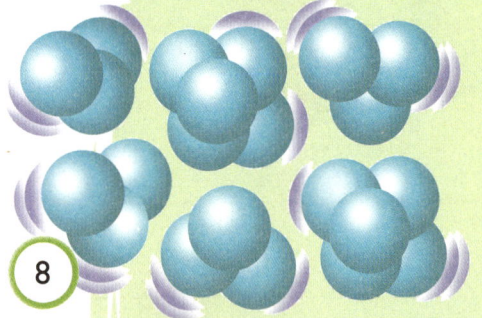

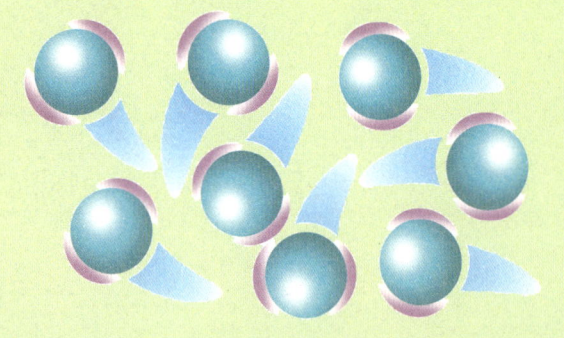

等离子态的物质。例如，在日光灯和霓虹灯的灯管里，在炫目的白炽电弧里，都能找到它的踪迹。另外，在地球周围的电离层、美丽的极光和流星的尾巴里，也能找到奇妙的等离子态。

等离子态是物质的一种奇特的物态，它具有其他三种物态的优点，既可以像液体那样流动，又能像固态的晶体那样拥有整齐有序的内部结构。在这种物态中，等离子体的原子被电离，也就是说电子被剥离出来。正因为如此，等离子体才具有磁场和电场，它的移动变得没有秩序且无法预测，随时会改变周边的环境。而且，随着环境的改变，等离子体也会发生变化，它会在一些作用与反应中产生连续的闪烁。通常情况下，它是热的，但也可能是冷的。至于等离子态的物体为何会呈现出这样的特性，科学家至今没有合理的解释。

探索与发现 DISCOVERY & EXPLORATION

质量守恒定律

质量守恒定律是指参加化学反应的各种物质的质量总和，等于反应后生成的各种物质的质量总和。这个定律是一个普适定律，它说明在物质体系中，不论发生了何种变化，其质量始终保持不变。

◎ 在美丽的极光里也能找到物质的第四种物态

寒冷有尽头吗

宇宙有最低温度吗？
绝对零度可能达到吗？

据科学家测量，地球上的最低温度是-89.2℃；月球上的最低温度还要低一些，背太阳的一面最低温度达到-183℃；冥王星的最低温度约在-240℃以下。那么，宇宙中的最低温度是多少呢？

有人推测宇宙的最低温度为-273.15℃，这个温度也被称为绝对零度。在这一温度下，构成物质的所有分子和原子均停止了运动，气体的质量为零。那么，宇宙中究竟存不存在这样低的温度？这个温度是不是寒冷的尽头？人类能不能利用科学技术达到这一温度呢？这些问题引起了许多科学家的兴趣，他们通过长时间的努力，研发出一系列的"降温"技术，现在距离-273.15℃只剩下千万分之一摄氏度了。有人认为，假如科学家们再进一步努力，绝对零度就能达到了。可是，德国物理学家斯脱却为这种说法泼了一盆冷水。他指出，在现有的技术条件下，让物体冷却到绝对零度是不可能的。还有人说，这个温度永远也无法达到。因而宇宙的最低温度究竟存不存在，至今仍是个谜。

◀ 月球背面的温度可以达到-183℃

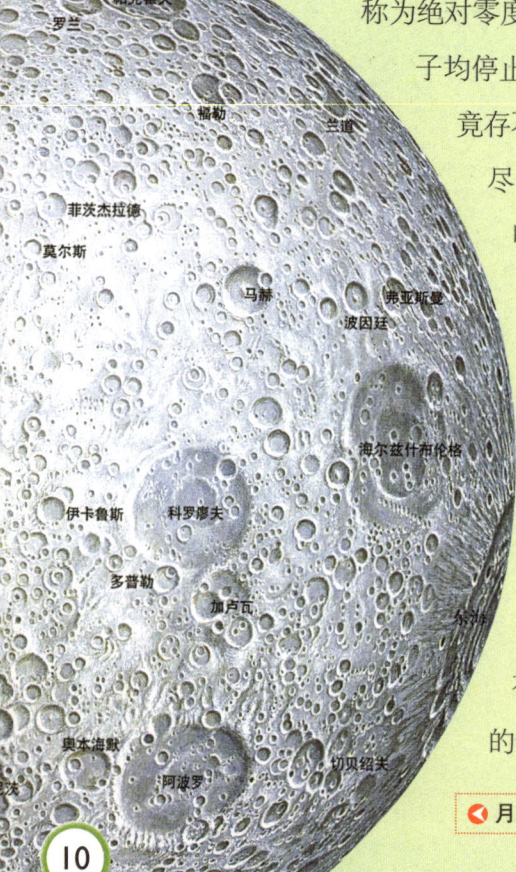

你不可不知的科学之谜
INCREDIBLE MAGICAL MYSTERIES OF SCIENCE

时间究竟是什么

科学家是如何定义时间的?
时间能脱离宇宙而独立存在吗?

时间对我们来说是再重要、再平常,使用再多不过的概念了,我们每时每刻都能感受到它的存在。然而,时间虽然可以测量,却无法看到,无法听到,它究竟是什么,恐怕没有多少人能说得清楚。

大多数人认为,宇宙是在时间中开始的

起初,科学家把时间看作是不依赖于任何其他事物而独立存在的、无休止地匀速流逝的客体。到20世纪初,科学家爱因斯坦指出,时间不能脱离宇宙及其观察者而独立存在,时间是宇宙与其观察者之间联系的一个方面。据此又推论:宇宙必然有"开端",并且还可能有"终结"。多么惊世骇俗的结论!

实际上,"时间是什么"的问题是探索时间的本质的问题,这只是极少数科学家、哲学家热衷的课题,而且远没有得出一个令人满意的结论,还需要长期探索下去。

大多数人认为,时间不能够脱离宇宙而独立存在

时光真能倒流吗

超光速可以使时光倒流吗？
超光速飞行有什么问题？

人们常常希望时光能够倒流，自己可以回到过去的美好岁月中去。那么，时光真的能够倒流吗？

爱因斯坦认为，时间和空间可以在光速中发生变化。如果能够实现超光速，时光倒流是可能的。假如将宇宙看成一个四维时空，随着物体运动速度的增大，时间流程将变慢，空间尺度将缩短。在强大的引力场作用下，时空结构会弯曲，一维时间可以像三维空间一样发生弯曲。而当宇宙飞船经过重力场时，把重力场的拉力转换成推力，在那段时间内，宇宙飞船便能以光速甚至超光速飞行。也就是说借助电磁、重力、光速和时空共同演变的伸缩性，可以瞬间跨越时光。

◯ 爱因斯坦

可这又带来一个问题。爱因斯坦在"狭义相对论"中提到，物体运动速度越快，长度会越短。并且当物体的速度趋于光速时会受到强大潮汐重力场的作用，即当物体的速度等于光速时，换作是人的话，恐怕早已不成人形了，更不用说超光速了。看来，时光能否倒流，仍是一个谜。

如果时光可以倒流，我们能够回到过去吗？

四维空间存在吗

什么是四维空间？
如何证明四维空间的存在？

在一条狭长的隧道里，我们能走出隧道的方向只有前与后；当我们走在旷野里时，有前、后、左、右四个方向；而当我们在太空中漫步时，将有前、后、左、右、上、下六个方向。那么，在什么地方我们能找到第七个和第八个方向，即第四对方向呢？答案是：四维空间。

通常我们所说的"四维空间"，是指爱因斯坦在相对论中提及的"四维时空"概念。爱因斯坦认为，我们生活中面对的由长、宽、高构成的三维空间加上时间就构成所谓四维空间。因为我们在地球上感觉到的时间很慢，所以不会明显地感觉到四维空间的存在，只有登上宇宙飞船或到达宇宙之中，本身所在参照系的速度开始变大或接近光速时，我们才能对比着找到时间的变化。

不过，目前人类尚未发现四维或四维以上的生物，也无法制造出四维的东西，因而无法证实四维空间是否存在。

这是三维物体。有没有四维的物体？

目前我们只能够想象四维空间的样子

寻找时空隧道之门

究竟有没有时空隧道？
"时空隧道"真的能让时间逆转吗？

1955年，据说有一架飞机从美国的诺福克飞往墨西哥的坦皮科，在飞行途中，它突然和地面失去了联系，人们多次寻找也没有找到它。可是在20世纪90年代，这架飞机突然出现了。更令人奇怪的是，这架飞机上的飞行员一口咬定自己还在1955年，他说自己只是完成了一次例行飞行。人们发现，他的服装是50年代的，他的模样也没有一点变化。

"时空隧道"可能与"黑洞"有关

在历史记载中，这类神秘的失踪事件为数不少，失踪的不仅有人，还有船只、飞机等。为什么会出现这种现象呢？科学家认为，宇宙中存在着一个巨大的"时空隧道"，这个"隧道"中的时间运动方式和我们现在生活的世界完全不一样。人类一旦进入这个"隧道"，就会丢失时间，而他们的生命史上就会出现一段空白。

经过长期的研究，科学家们对"时空隧道"提出

"黑洞"可能是客观存在的一种"时空隧道"

了几种理论假说，试图打开时空隧道之门。第一种是"时间停止"说。对于地球上的物质世界，进入"时空隧道"后就意味着失踪，而从中出来时又意味着神秘再现。这表明"时空隧道"与地球不是一个时间体系，它的时间是相对静止的。因而不管失踪三五年，还是失踪几十年甚至是数百年，都如同一瞬，即从失踪到再现，时间几乎为零。第二种是"时间可逆"说。即"时空隧道"中的时间是倒转的。失踪者一旦进入这一时间体系，就有可能回到遥远的过去；而当时间再次出现逆转时，又会把失踪者带回到失踪的那一刻，结果就出现了神秘的再现。第三种是"时间关闭"说。这种理论认为，"时空隧道"是客观存在的物质性世界，它看不见也摸不着，对于人类生活的物质世界，它既关闭又不绝对关闭，有时也偶尔开放一次。它一开放就会造成神秘失踪，后来又开放，则导致失踪者再现。

时空隧道真的存在吗？如果存在，哪一种理论可以诠释它呢？

时空隧道与黑洞

有的学者认为"时空隧道"与"黑洞"有关。人一旦被吸入"黑洞"中，就会失去知觉。当他回到光明世界时只能回想起被吸入以前的事，而对进入黑洞遨游时发生的事，则一概不知。

▶ 时间是否可以倒转？

谁能跑得比光快

快子真的能"超光速"吗？
如何证明快子的存在？

一直以来，光以30万千米/秒的速度高居自然界运动榜之首。不过，近年来光的"冠军"宝座却岌岌可危，因为有些科学家提出一种超光速理论。他们认为宇宙中肯定有一类粒子能够以超过光的速度运动，这一类粒子被称为"快子"。快子的质量是虚数，它的速度将随能量的耗散而无限增加，当它的能量趋于零时，则速度趋于无穷大。那么，"快子"真的存在吗？

科学家认为，如果快子以超光速在真空中运动，必然会在飞过的地方留下一条发光的蓝尾巴，这种现象在物理学上被称为"切伦科夫辐射"。为了抓住快子这条发光的蓝尾巴，科学家们想尽了种种办法。可是，要想揪住这条尾巴并非易事，因为快子的速度惊人，比光还要快几百万倍。一般情况下，当人们发现快子的蓝尾巴时，它早就逃之夭夭了。因此，我们只能说，快子有可能存在，但是目前无法证明。所以，谁能比光跑得更快，到现在仍然是个谜。

光在真空中传播速度最快

飞机从地球飞到月球最快需60小时，而光只需1秒

你不可不知的**科学**之谜
INCREDIBLE MAGICAL MYSTERIES OF SCIENCE

人体悬浮空中之谜

> 人体可能悬浮在空中吗？
> 悬浮有几种形式？

海阔凭鱼跃，天高任鸟飞。从古至今，人类一直非常羡慕鸟儿，希望能够借助一种力量，如同鸟儿般在天空中飞来飞去。可是我们知道，普通物体和动物由于受重力作用，若不借助外力是不可能自由悬浮在空中的。那么，人体可以借助什么力量悬浮起来？

一般来说，悬浮有两种形式：悬浮与磁悬浮。前者利用空气向下喷气产生悬浮，后者则利用磁性材料的相斥性和相吸性的原理进行悬浮。这两种悬浮目的是一样的，都是产生一个可以平衡地球重力的力，使物体悬浮起来，所不同的是它们采取的物理原理。

英国的理论物理学家们就提出了悬浮效应理论。他们认为，人体完全能够像气球一样悬浮在空中，并尝试利用各种力将不同的动物悬起，这些尝试似乎离人体悬浮于空中的理想越来越近。然而，悬浮效应理论究竟能否实现人体悬浮于空中的梦想，还是一个未知数。

▽ 磁悬浮列车是利用磁性材料的相斥性进行悬浮的

次声波制造的诡异现象

什么是次声波？
次声波是如何制造"鬼言"的？

我们经常在电视或电影上看到片中人说自己看见了鬼影，听到了鬼叫，尤其是当他们行走在空旷的地方或者断壁残垣处时，更容易引发这一现象。那么，这些诡异的现象是怎么产生的呢？科学家经过研究，认为这可能是当事人的心理在作祟，也可能是声音在作怪。英国有一个名叫坦迪的研究人员声称，次声波能制造出这些诡异现象。

△ 太阳磁暴也会产生次声

◁ 监测海洋风暴发出的次声波，可在风暴到来之前发出警报

你不可不知的科学之谜
INCREDIBLE MAGICAL MYSTERIES OF SCIENCE

▲ 当大象发出轰隆声时，它附近的人能通过"共鸣"察觉到次声的存在

次声是一种低频率的声音。人耳所能听到的声音频率为20～20000Hz（赫兹）。频率超过20000Hz的超声和频率低于20Hz的次声都听不到。次声波的破坏力大得惊人。人体的各器官、部位的固有频率在0.01～20Hz之间，如果人处在次声频率范围内，高强度的次声波能引起人体内脏器官的强烈共振，轻则头昏眼花，重则死亡。

研究发现，尽管人们听不到次声，却能很明显地从其他途径察觉到次声。例如，根据研究者的报告，站在一只鸣叫的食火鸡附近会有"一种奇异的感觉"；当一头大象发出轰隆声时，这种"强有力的低频率声音"会在大象附近的人的胸腔里引起共鸣。

坦迪称，他在实验室测试到抽气机发出的声波频率为18.98Hz，大约相当于一只眼球转动时的频率。而阵风吹向一座旧塔的墙壁所产生的声波，属于次声波的范围内，并能够渗透厚厚的墙壁。所以站在塔内走廊的人可以听到风声，犹如厉鬼呜咽。另外，当阵风吹向墙壁，声音遇到长长的走廊时，会反弹、互撞，附近的人就会仿佛听到"鬼言"。

不过，对于次声为什么会产生这种现象，坦迪无法解释。另外，由强劲阵风、汽车或飞机经过时产生的次声波是如何对人产生影响的，他也未能弄清楚。

探索与发现
DISCOVERY & EXPLORATION

海洋中的无人船

近百年来，人们在海上多次发现奇怪的无人船。科学家认为，在海洋风暴的作用下，海面会产生次声波。强大的次声波使人们惊慌失措、仓促离船。于是，无人的船只在海上漂荡，就有了幽灵船的传说。

雷电之谜

闪电击地是怎么发生的?
雷电为什么多产生于积雨云中?

在古代,人们认为雷电就是上天的怒火,对它敬而远之。雷电有时候会给人类造成经济损失,甚至夺人性命。所以,一提起雷电,人们总是露出恐惧的神情。可是,美国科学家富兰克林却于1752年,通过"风筝试验"勇敢地"捉住雷电",后来他又想方设法把这些电引到了莱顿瓶中研究,结果发现,天上的雷电与人工摩擦产生的电具有完全相同的性质。这个实验,揭开了人类对雷电探究的序幕。随着科学的发展,现在人们对雷电有了更多的认识。

▼ 从前,人们认为雷电是上天在发怒

探索发现与

积雨云的形成

天空形成浓积云之后，若空气对流运动继续增强，云顶垂直向上发展更加旺盛，达到冻结高度以上，原来浓积云的云顶便开始冰晶化，它的边缘轮廓开始在某些地方变得模糊，很快就会形成积雨云。

▲ 通常我们看到的闪电是线形的

雷电是伴有闪电和雷鸣的一种雄伟壮观的自然现象，一般产生于对流旺盛的积雨云中，因此常伴有强烈的阵风和暴雨，有时还伴有冰雹和龙卷风。气象学上把雷电称为雷暴。形成雷暴的积雨云高耸浓密，云顶常有大量冰晶，云内垂直方向的热力对流旺盛，不断发生起电和放电现象，其机制十分复杂。在放电过程中，闪电通道上的空气温度骤升，空气中水滴汽化膨胀，甚至还有电离现象产生，短时间内空气迅速膨胀，从而产生了冲击波，导致强烈的雷鸣。由于云中的电荷在地面上引起感应电荷，在云底与地面之间形成"闪道"。当电荷积累和其他条件具备时，就会发生闪电击地，即雷电灾害。

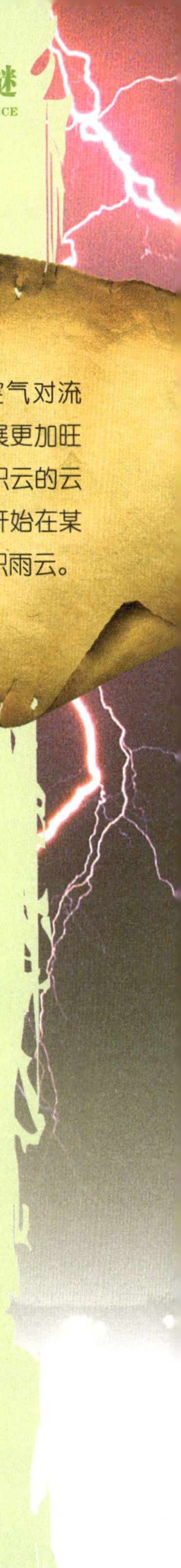

尽管人们对雷电的研究越来越深入，可是，关于雷电仍然有许多未解之谜。例如，雷电到底是什么，雷电中的电场是如何形成的，等等。

神奇的电磁能

> 哈奇森效应是什么？
> 原本微弱的电磁能为何能制造魔幻效应？

1979年的一天，加拿大的一位物理爱好者哈奇森在研究特斯拉（尼古拉·特斯拉，无线电之父）纵波时，由于受实验场地的限制，只得将用来发射电磁场和电磁波的设备，比如特斯拉线圈、高频发生器等，塞进一个狭小的屋子里。没想到，这样一来，奇迹出现了：

大铁棒飞起来了；镜子自己碎裂了，碎片飞到100米之外；金属发生弯曲、破裂，甚至碎成面包屑状的粉末。不同的金属可以在室温下熔合在一起，有的还变成各种各样的形状。空中出现光束，紧接着有无数光环显现。与此同时，容器中的水开始打旋……一旦撤走实验仪器，这些现象就会消失。

这种奇特的现象被称为"哈奇森效应"。哈奇森推测，这种变化是由那些实验仪器的古怪组合导致的，它们发射出的电磁波互相干涉，产生出某种奇特的能量，这些能量在某些特别的区域交叠。在这些区域中，物体会飘浮起来，多种材料

探索发现

磁场

磁场是指磁体周围存在的一种特殊物质，它是传递磁力的介质。磁场的基本性质是：对处于其中的磁体、电流、运动电荷有力的作用，而且磁体还会与另一个物质的磁场结合，使磁性越强，磁力越大。

你不可不知的科学之谜

INCREDIBLE MAGICAL MYSTERIES OF SCIENCE

会变形，有的物体还会莫名其妙地消失……

虽然电磁能产生魔幻效应的原因并没有真正弄清，但哈奇森效应引起了全球轰动，不少研究各种"灵异"现象的科学家都从中获得启示，有的甚至豁然开朗。人们开始探究自然界和人群中种种现象发生的背后有没有电磁"旋涡"的存在。还有人将这一效应与百慕大三角区的失踪之谜联系在一起。有人甚至认为，电磁能很可能是打开大自然更多惊人现象大门的钥匙，它的潜力是无限的。

原本微弱的电磁能为何能够制造这种魔幻效应？有专家认为，这是因为哈奇森在实验中"触碰"到了零点能而引起的。而零点能是由量子真空（量子真空是一种没有任何实物粒子的物质状态，在其中，每立方厘米包含的能量密度为10^{13}焦耳）中的粒子和反粒子不断出现和湮灭产生的，由此就不难想象哈奇森实验产生的种种奇异现象了。不过，这种说法并没有得到证实。看来，要想揭开电磁能产生魔幻效应之谜，仍需科学家进一步探究。

▲ 电磁能的大小与电磁场的强弱有关

▼ 哈奇森效应或许能解释百慕大三角区为何会频频发生失踪事件

揭秘**地磁场**的移动

地磁场是怎样移动的？
地磁场为什么会神秘移动？

我们生活的地球是一个磁体。因地球本身的磁性而在其周围形成的磁场叫地磁场，它有南极和北极之分。地球的N极（磁北极）和S极（磁南极）处磁力最强。地磁场的S极位于地球的北极点附近，而磁针无论在地球表面的任何地方，其N极必定指向北方。不过，地磁场的南北极不是固定不变的，而是一直在神秘地移动着。

1831年6月1日，英国探险家罗阿尔德·阿蒙森来到极地时，发现地磁场N极的位置已经发生了变化，移动了一段距离。从那时起，人们才开始注意并研究这一奇特的现象。地球的磁场在不断发生变化，其方式也在变化。不同地方的磁场方向和强度均以不同的方式发生变化。很难说清楚地球的磁场作为一个整体是如何变化的。后来科学家们还发现，地磁极不仅会移动，有时极性还会发生倒转。一般来说，炽热的岩浆就好像一个个"小指南针"，里面含有数以万计的矿物质，当岩浆冷却

▲ 同名磁极相互排斥，异名磁极相互吸引

◀ 地球是一个巨大的磁体

下来后,这些"指南针"也被固定下来,不再发生变化。这样,其"南北极"的指向就记录了当时地球磁场的方向。研究表明,地球磁场平均每50万年翻转一次,而最近一次翻转发生在78万年前。那么,地磁场为什么会发生神秘移动的现象?

有的科学家认为,存在于地核周围的铁流体(熔融体)会像"发动机"一样,不停地将巨大的机械能转化成电磁能,从而形成地磁场。而这个铁流体有时会形成巨大的旋涡,迫使自己的流向发生变化,这就引起了地球磁场的改变。

还有一些科学家认为,是地球外部因素引起了地磁场的短期变化,比如太阳辐射、宇宙射线和大气电离层的变化等。

以上说法到底哪一种更科学,目前尚无定论。

◀ 鸽子能利用地磁场来确定飞行方向

探索发现 DISCOVERY & EXPLORATION

信鸽的"导向罗盘"

信鸽辨别方向的能力特别强,即使北方的信鸽被带到南方放飞,它仍然会飞回北方。原来,信鸽的体内有一种"导向罗盘"——电磁场,信鸽能够利用自己产生的电磁场与地磁场的相互作用来确定方向。

热水比冷水结冰快吗

什么是"姆潘巴现象"?
"姆潘巴现象"是怎么产生的?

我们知道,热水温度比冷水高,但是,1963年,坦桑尼亚学生姆潘巴的一个发现向以上常识提出了挑战。他发现加糖的牛奶加热后比未加热的牛奶结冰速度快。这种现象被称为"姆潘巴现象"。这一现象真的能颠覆我们以往关于冷水结冰比热水快的常识吗?

科学家们进行了许多实验,试图解开这一现象后面深藏的奥秘,探究热水结冰是否比冷水快。持热水结冰比冷水快意见的科学家们也有各自的看法,有人认为,热水散热速度比冷水快,热水在散热过程中有水汽蒸发,有可能加速了结冰的过程。也有人认为,热水的蒸发导致质量减少,从而导致热水结冰速度更快。还有人认为,水中的溶解物也可能影响水结冰的速度。

但有些科学家认为,这只是个别现象,它无法否定我们的物理常识。这些科学家用纯净水反复做了类似实验,结果始终没有出现"姆潘巴现象"。因此他们认为,只有当冰箱内有显著温差或牛奶含糖量不同或糖没有溶解时,才可能出现"姆潘巴现象"。

以上说法到底哪一种更科学,至今仍无定论。

◀ 加糖的牛奶加热后比未加热的牛奶结冰速度快

你不可不知的**科学之谜**
INCREDIBLE MAGICAL MYSTERIES OF SCIENCE

如何利用可燃冰

> 什么是可燃冰？
> 为什么开采可燃冰那么难？

可燃冰是天然气水合物的俗称，它是天然气（主要是甲烷）和水在一定的温度、压力条件下结合形成的冰状可燃固体。可燃冰广泛存在于海底大陆架和某些冻土层中，是迄今为止海底最具价值的矿产资源。专家分析，如果充分开采，海底的可燃冰足够人类使用1000年，可以大大缓解能源之忧。

▲ 可燃冰的开采比石油、天然气的开采困难得多

可是，天然可燃冰深藏于海底的岩石中，和石油、天然气相比，它的开采面临着许多新问题。有的学者认为，在导致全球气候变暖方面，甲烷所起的作用比二氧化碳要大10～20倍。而可燃冰矿藏哪怕受到最小的破坏，都足以导致甲烷气体大量泄漏。另外，可燃冰开采起来十分困难，一旦出了井喷事故，就会造成海啸、海底滑坡、海水毒化等灾害。可见，短期内人类无法实现用可燃冰来缓解能源危机的设想。至于将来能否实现，仍有待科学家进一步研究。

▼ 海底岩石中蕴藏着丰富的可燃冰

少年探索发现系列
EXPLORATION READING FOR STUDENTS

神秘的元素

元素是怎么形成的？
哪些元素在慢慢消失？

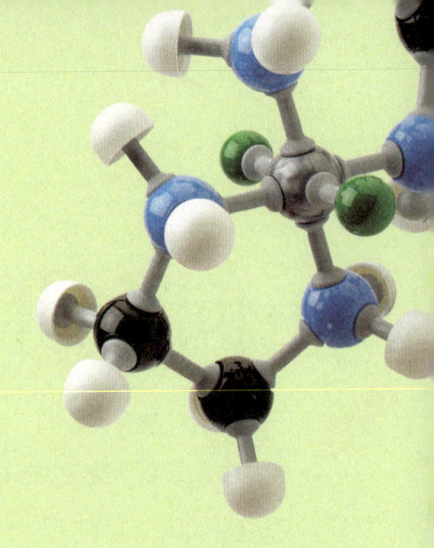

元素是具有相同核电荷数的同一类原子的总称，用来描述物质的宏观组成。从化学的角度来说，大千世界中的所有东西，都是由为数不多的元素，如：碳、氢、氮、铁等组成的。那么，元素又是怎么来的呢？

自从20世纪40年代以来，科学家们提出了不少关于元素产生和演化的学说。目前为止广为人们认可的一种说法是：大部分的元素都是在恒星演化过程中生成的。可这仍然不能完整地解释元素到底是从哪里来的。有些元素如氦、铅等在源源不断地产生，也有些元素如铀、镭、钍等却在悄悄地消失，还有些元素如砹、钫等可能由于寿命太短，在地球上已经不见踪影了，但在别的天体上却被发现了。这是怎么回事呢？至今没有权威的解答。当前化学中关于分子结构的研究，物理学中关于核粒子的研究等都在深入开展，人们对化学元素的认识也在不断发展。可以预料，这将带来对化学元素的新认识，或许最终能帮助人类解开元素形成之谜。

◀ 世界由元素组成，那么，元素又从何而来呢？

金属也会"疲劳"吗

> 什么是金属的"疲劳"？
> 金属"疲劳"后能恢复吗？

人累了就会有疲劳的感觉，那么金属会不会疲劳呢？科学证明，超过一定限度时，金属也会"疲劳"。我们不妨用铁丝做个实验：如果将铁丝拉直，铁丝是不容易断的。但是如果反复地将它弯折，铁丝就很容易断了。这说明，像钢铁这样的金属，在反复变化的外力的作用下，它的强度要比在不变外力作用下弱得多，这种现象就叫作"金属疲劳"。

人疲劳了经过休息就可以恢复，而"金属疲劳"则无法恢复，这就会造成许多恶性事故，如沉船、坠机等。那么，金属为什么会"疲劳"呢？

科学家们对此进行了各种各样的分析和研究。在疲劳破坏机理研究中，就有人提出了循环软化、滑移、错位等说法。在疲劳积累损伤方面，目前已建立了几十种损伤理论；在疲劳裂纹扩展方面，也提出了几十个裂纹扩展公式。但这些观点和实验方法，都具有很大的局限性和片面性。看来，要真正解开这个谜，还需要科学家们努力去探索。

揭开**磁化水**的面纱

> 磁化水是怎么来的？
> 磁化水为何会有那么多用处？

你一定听说过磁化水吧？只要让普通水以一定流速，沿着与磁力线垂直的方向通过一定强度的磁场，普通水就会变成磁化水。

磁化水有许多神奇的效用，在工业、农业、医学以及日常生活中均有广泛的应用，因而享有"神水""魔水"之誉。在工业上，磁化水可以加快化学反应速度，提高生产率。英国有一家化工厂利用磁化水，使生产率提高了5%。此外，磁化水用于搅拌混凝土，可以增加混凝土的强度。磁化水还可以用来褪浆，在纺织业也有较好的应用前景。磁化水在农业上也屡建奇功。一些科学家经过实验发现，如果用磁化水灌溉土

❤ 将磁化水应用到农业领域，可以使农作物增产

你不可不知的科学之谜
INCREDIBLE MAGICAL MYSTERIES OF SCIENCE

壤，可使土质疏松，起到改良土壤的作用，同时能够使农作物增产。磁化水的广大神通，还显示在医学上。它不仅能杀死多种细菌和病毒，还能治疗多种疑难病症。在日常生活中，用经过磁化的洗衣粉溶液洗衣服，可把衣服洗得更干净。有趣的是，不用洗衣粉而单用磁化水洗衣服，洗涤效果也很令人满意。

▲ 磁化水被广泛运用到工业生产中

磁化水为什么有如此妙用呢？一些科学家认为，水分子本身就是一个磁体，其中氢一端带正电荷，氧一端带负电荷，根据正负相吸原理，许多水分子就会首尾相吸，形成庞大的分子团，这种大分子团会减弱水分子的生物活性。在我们平常用的普通水中，这种大的水分子团较多，有活性的水分子很少，而普通水经过磁场作用后，原先结合成的水分子团会被冲破，变成单个有活性的水分子，从而产生种种妙用。

不过，有的科学家认为，以上解释是肤浅的，无法说明磁化对水质的影响。看来，要彻底揭开"磁化水"的面纱，还需科学家进一步努力。

探索与发现
DISCOVERY & EXPLORATION

纯净水

所谓纯净水，指的是不含杂质的水。纯净水能有效避免各类病菌入侵人体，安全地给人体补充水分。纯净水具有很强的溶解度，与人体细胞有很强的亲和力，因此有促进新陈代谢的作用。

磁铁人之谜

> "磁铁人"有什么特别之处?
> "磁铁人"皮肤的磁力来自哪里?

磁是一种看不见的自然力,它能够吸引或者排斥某些物质。通常,磁性产生于某些金属或矿石。奇怪的是,罗马尼亚有一名叫奥勒尔·雷利纽的男子,他的皮肤具有磁性,能够吸附起包括金属、木头、瓷盆、熨斗在内的任何东西,因而他被人们称为"磁铁人"。

为什么奥勒尔的皮肤具有磁性呢?英国磁力专家考本认为,如果奥勒尔是凭磁力吸附起东西的,那么他的磁力将是地球磁场的几百倍。随后,考本对奥勒尔的身体进行了测试,令人困惑的是,他并没有从奥勒尔身上检测到任何磁力。

随后,超正常现象怀疑论者弗兰奇推测,会不会是奥勒尔的皮肤有"黏性"?他用各种东西擦拭奥勒尔的身体,当试到滑石粉时,奥勒尔的皮肤再也无法吸附东西了。弗兰奇据此认为,奥勒尔的皮肤能吸附物体,是因为他的皮肤能大量分泌一种黏性极强的皮脂。可是奥勒尔的皮肤为何会分泌出这种皮脂,产生强大的"磁力",弗兰奇无法回答,因而"磁铁人"之谜至今仍未解开。

> 磁铁能吸物,人的身体也能吸物吗?

有记忆的金属

> 金属为什么会有记忆?
> 所有的金属都有记忆功能吗?

记忆历来被认为是生物,特别是高等生物所特有的功能。但是,材料科学家在研究中发现,某些金属也有记忆功能。美国一位从事海军军械研究的科学家发现,把一根在常温下硬如钢铁的镍钛合金丝放入冷水中,它竟然奇迹般地变成可以随意弯曲的柔软合金。但若将它放回热水中,弯曲的镍钛合金丝像想起了什么似的,突然伸直,并恢复到原来的形状。科学家们将这种合金称为"形状记忆合金"。这是怎么回事?合金为什么具有人类那样的记忆力?

有人认为,这种镍钛合金材料在某一温度上下变化时,它的化学成分并没有改变,只是它的晶格结构发生了变化。但这种晶格结构仍与原来的形状维持一定的联系,所以当温度恢复时,合金就会恢复原状。可是,有人却在实验中发现,在相同的条件下,其他金属并不具备这种记忆功能。看来,要真正解开金属记忆之谜,还需要科学家们进一步研究。

▲ 内部有可逆结构的金属具有记忆力

托素湖的神奇铁管

托素湖的铁管从何而来？
这些铁管是外星人的杰作吗？

托素湖位于我国青海省境内，原本是一个人迹罕至的地方。然而，近年来它却声名大噪，因为有人发现，在这个湖滩的崖壁或沙地上遍布着神秘莫测的空心铁管。

托素湖的空心铁管，会不会是外星人的杰作？

在托素湖附近，既没有人长期定居，也没有现代化工业，这些铁管究竟从哪里来，又是谁将它们牢牢固定在这些崖壁上的呢？有人猜测是外星人造访地球时留下的痕迹，有人猜测是史前智慧生物的鬼斧神工……

20世纪80年代初，有人称在托素湖附近发现有不明飞行物的踪迹。一些专家据此推测，托素湖地区很可能是当初外星人到达地球之后驻扎的一个基地，而这些铁管恰恰就是外星人遗留下来的。另一些专家却对这一说法提出了质疑。因为根据对这些铁管成分的分析，这些管状物主要是由黄铁矿和石英砂粒组成的，而一般的外星陨石的成分是镍、铁、镉。

通过化验发现，托素湖的铁管有极强的放射性

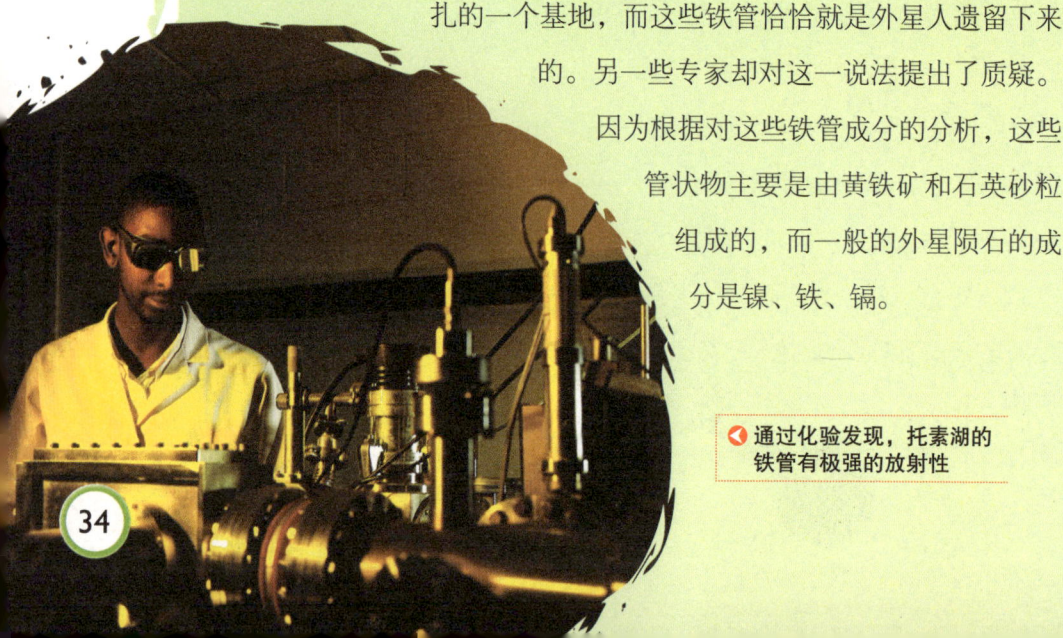

⌃ 有人认为，托素湖地区很可能是外星人在地球的驻扎基地

不久，一些专家提出了石膏学说。其依据是中国地震局拍摄的一张托素湖铁管的照片。从照片看，这些铁管周围是黄铁矿，中心充满了石膏。一些专家便推测，200万年以前，这片地区形成了大量的石膏晶体，随着古湖的形成，这些石膏被淹没在湖底，与黄铁矿相遇，黄铁矿就以石膏为附着物，经过化学沉淀，慢慢地形成了一个包裹层。随着时间的推移，管状物进入了浅水区，黄铁矿里的硫被氧气置换出来，溶于水后形成了硫酸根，并把石膏溶解掉，形成空心铁管。可是，研究人员用伽玛仪对铁管进行测试后，发现这些铁管都带有很强的放射性，比当地真正的砂岩要高出20倍左右。这一发现给石膏学说罩上了一层迷雾。

随后，又有人提出植物化石成因理论。一些科学家曾经前往托素湖抽取样本进行化验，结果显示：这些铁管表皮部分的钾含量比较高，而当地植物草木灰的钾含量也比较高，这似乎从一个侧面说明铁管的前身可能是植物的化石。但有人认为管状物与岩石的年龄相去甚远，不可能是植物化石。

在几十万年前，这块土地上究竟发生过什么？这些神秘铁管究竟是怎么来的？这些至今仍是未解之谜。

探索与发现 DISCOVERY & EXPLORATION

陨石

陨石就是通常人们说的石质的陨星。它是流星体自宇宙太空落到地面上的残骸。闯入地球大气层的诸多流星体在进入大气层时，如果在与地球大气剧烈的摩擦后未能充分燃尽，最后坠落到地球表面就被人们称为陨石。

神奇的金属氢

金属氢有什么用途?
如何才能得到金属氢?

氢是我们熟悉的化学元素。它在常温下是一种气体,在低温下可以成为液体,当温度降到-259℃以下即为固体。如果对固态氢施加几百万个大气压的高压,还可能得到金属氢。

金属氢是一种高温超导体,是高密度、高储能材料,在各个领域都有重要的应用前景。因此,从20世纪40年代开始,美国、日本等国就投入了大量的人力、物力研制金属氢。那么,金属氢有没有可能提取出来呢?

从理论上说,在超高压下得到金属氢是可能的。1936年,美国科学家维那通过计算,得出氢转变为金属氢的临界压力为100万～1000万大气压。后来,苏联和日本的一些科学家们曾在上百万大气压的超高压下得到了金属氢。遗憾的是,一旦恢复常压,氢又回复到初始状态。因而科学家至今没有得到金属氢样品,关于金属氢的许多谜也就一直无法解开。

▲ 自然界中有很多元素都有同位素,氢也不例外

◀ 有人推测,木星内部是由金属氢构成的

你不可不知的科学之谜
INCREDIBLE MAGICAL MYSTERIES OF SCIENCE

发现新元素的极限

> 元素周期表中的元素理论上有多少种？
> 超重元素真的存在吗？

宇宙中的物质千差万别，数不胜数，然而，形成这些物质的元素种类却只有一百多种。科学家们显然不满足于这个结论，他们试图开拓寻找新元素的途径。

俄国化学家门捷列夫编制的化学元素周期表是探求未知元素的指南。它可以推测未知元素的性质，以便确定研究它们的方法。理论证明，周期表上的元素可以排到164号，但实际上要发现110号及以后的元素困难极大。

目前，科学家们正千方百计地寻找更重的超重元素。他们从陨石和地球上的各种矿物中收集了大量样品，对它们进行了各种分析与检测。可是一直到2006年，美国与俄国的科学家才宣称发现118号超重元素，但获得证实仍需时间。看来，要把这张元素周期表填满，是一件多么不容易的事啊！

▲ 元素周期律的发现者门捷列夫

水合电子的奥秘

水合电子有什么应用前景？
水合电子的化学结构是怎样的？

1864年，化学家威尔做了一个著名的实验：他将一小块钠投入液态氨中，很快，液态氨便呈现出美丽的蔚蓝色。这一现象引起了威尔的兴趣。经过一番研究，他找出了其中的原因：液态氨给出质子的能力比水弱，而钠又是较活泼的金属，它会在液态氨中慢慢溶解，生成深蓝色溶液。这种溶液的导电能力很强，和金属相近，这是因为金属与液态氨作用形成了氨合电子和金属正离子的缘故。

威尔的实验成果公布后，许多科学家对此产生了浓厚的兴趣。他们推断，既然有氨合电子的存在，自然就能找到神秘的水合电子。经过近一个世纪的努力，化学家斯蒂终于发现了水合电子的行踪。

▽ 水是最常见的溶液，水合电子是被水分子团包围着的裸露电子

探索与发现 DISCOVERY & EXPLORATION

水合反应

水合反应也叫水化。在无机化学中是指物质溶解在水里时，与水发生的化学作用。一般指溶质分子（或离子）和水分子发生作用，形成水合分子（或水合离子）的过程。

你不可不知的科学之谜
INCREDIBLE MAGICAL MYSTERIES OF SCIENCE

▲ 钠

1952年，斯蒂做了一个普通的化学实验，却出现了出人意料的结果。当时，斯蒂将甲基蓝溶液放在光照的条件下，发现溶液的蓝色逐渐消失了。奇怪的是，当他往溶液中通入二氧化碳气体后，蓝色又奇迹般地出现了。斯蒂大惑不解，又重复了这一实验过程。经过仔细分析，他最终推断：甲基蓝褪色是由于它和水合电子结合的缘故，通入二氧化碳后会复原，是由于二氧化碳夺走了水合电子的缘故。不久，斯蒂的推论又在实验中得到了进一步的证实。

水合电子是被水分子团包围着的裸露电子，具有独特的化学结构。其化学性质十分活跃，可以说是目前已知还原剂中的最强者，它几乎能与任何元素及化合物发生化学反应，还能与某些物质合成极难合成的物质。例如，通常情况下，三价的铈离子很难转变成二价的铈离子，而假如有水合电子的加入，这一还原反应就变得轻而易举了。

水合电子的发现令科学家异常振奋。但是经过了几十年的研究，科学家们仍然不清楚水合电子的化学结构和应用前景。看来要解开这个谜，仍需进一步探索。

少年探索发现系列
EXPLORATION READING FOR STUDENTS

三门峡的无名怪火

三门峡的地下怪火持续了多久？
三门峡地火是怎么引起的？

三门峡市位于我国河南省西部，原本是一个不引人注目的地方，然而2007年一场持续不断的地下怪火，却使它备受关注。

2007年夏天，三门峡市虢国西路与五原路西段之间的一片数十平方米大小的沉陷荒地上，突然蹿出了熊熊火苗，有的甚至高可齐膝。只要上前去随便挖个洞，就能看到洞中燃烧的火焰。经测试，这里的无名火的温度竟然高达1350℃。更奇怪的是，这场怪火持续了近一个月，连日的大雨也无法将其浇灭，消防部门曾经多次前去灭火，也无法彻底将其扑灭。而且，很快又发生了一件令人费解的事。消防部门根据专家的建议，向火洞灌了五车水，等洞内明火不见后，随即用沙袋将洞口堵死。谁知几日后，又有烟雾不

在三门峡市的荒地上，随便挖个洞就能看到这样的火焰

你不可不知的科学之谜
INCREDIBLE MAGICAL MYSTERIES OF SCIENCE

断从地下冒出。这又怎么解释呢？专家称，可能是由于地下太热而地面湿润，才冒出水蒸气，也有可能是地下仍在燃烧。

经检查，已经确认这片荒地附近地下没有布设燃气管道，因此不存在燃气泄漏问题。稍后，地下埋藏有煤、电石矿的可能也被排除了。那么，这场怪火究竟是什么引起的呢？

▲ 在这场怪火中，有的火苗高可及膝

研究人员通过检测发现，燃烧物中含有一氧化碳，但燃烧物是固体还是气体却不能确定。另外，燃烧物也不会爆炸，因此不会对人体构成威胁。

研究人员又沿着火洞等进行高线观察，发现这片荒地东侧、南侧的断面上有一层锯末，厚度从四五厘米到几十厘米不等，挖开部分土层，可以清楚地看到里面的小块废弃木料。那么，地下怪火是否与锯末有关呢？

经调查，起火处曾经是三门峡市中密度板厂堆放锯末及其他废木料的地方，两年前中密度板厂已经搬迁了。2007年入夏以来，三门峡市连降大雨，这些锯末埋在地下过久，遇水发酵生热，达到燃点后发生自燃。至于为何会造成长期燃烧，专家通过对地质剖面分析，认为这里地下埋藏的锯末还有很多，这或许是这场怪火持续一个月的主要原因。不过，这种说法未得到证实。

看来，这场地下怪火发生的真正原因，仍有待专家查证。

探索与发现
DISCOVERY & EXPLORATION

群火现象

自从1981年以来，我国广西境内的小宅村每年只要一到秋季，就会接二连三地发生莫名其妙的火灾，有时候一天之中竟然发生20多起，每次起火都是好几处同时发生。这种现象叫作"群火现象"。

通古斯大爆炸疑云

通古斯大爆炸是一次核爆炸吗？
通古斯大爆炸真的跟外星人有关吗？

1908年6月30日，俄国西伯利亚的通古斯地区发生了一起惊天动地的大爆炸。这起爆炸的能量超过广岛原子弹爆炸1000倍，方圆几十千米内的森林被彻底摧毁，附近地区大部分牲畜被烧死，浓烟上升到20多千米的高空，爆炸的冲击波形成猛烈的飓风，把半径32千米内的牧民们的帐篷刮得无影无踪。在爆炸之后5小时，推进的空气越过北海，使英国伦敦的电灯骤然间全部熄灭，英国各地气压不断突升突降，瑞典境内夜间出现了骄阳似火的奇景……

▲ 是外星人的宇宙飞船坠毁引起的爆炸吗？

一百多年来，全世界许多科学家先后提出一百多种假设和推测，试图探明通古斯大爆炸的真相。有些科学家认为，这是一次核爆炸。因为他们发现通古斯大爆炸时产生的许多现象都与1945年美国在

探索发现
大爆炸与小型黑洞

有些科学家认为，通古斯大爆炸很可能与宇宙黑洞有关。他们推测，当年在冰岛和纽芬兰之间的太平洋上空，某个小型黑洞穿过地球时产生的强大引力导致了这次大爆炸的发生。

日本广岛投放原子弹时产生的现象相似。比如，有相似的圆柱状蘑菇云，爆炸造成的损害、产生的后果也极为相似，爆炸中心造成的破坏都比周围地区小得多，树木被辐射烧焦后都笔直地站立而没有倒下，爆炸产生的光辐射能量也基本近似，都出现了电磁干扰。可是，历史告诉我们，一直到1945年，地球上的人类才发明和使用了第一颗原子弹。因此，1908年的地球上，根本不可能有核武器。

以苏联科学家卡扎切夫为代表的一些科学家则认为，通古斯大爆炸可能与外星球上的一艘核动力宇宙飞船有关。飞船在地球附近游弋时，内部意外地发生了故障，在距离西伯利亚地面几千米的空中突然爆炸了。但这种观点遭到了许多科学家的反对，他们认为"宇宙飞船"大爆炸之说，只是一种主观臆断，没有充足的证据。

还有一些科学家则认为，这次爆炸是由于一颗陨石和其他物体相撞引起的。但马上有科学家提出反对意见，他们认为，如果真是这样，当陨石撞击地面时，会使厚层地壳物质迅速地被推开，在爆炸中心总能找到几个巨大的陨石坑。可是在通古斯爆炸区附近，并没有找到如此巨大的陨石坑或环形山。

种种说法，莫衷一是。通古斯大爆炸之谜，至今还没有解开。

◀ 在通古斯爆炸地区并没有发现类似的陨石坑，因而陨石撞击说遭到质疑

▶ 通古斯大爆炸与广岛原子弹爆炸都产生了圆柱状蘑菇云

少年探索发现系列
EXPLORATION READING FOR STUDENTS

金字塔能的奥秘

金字塔里的神秘力量引发了哪些现象？
金字塔内的神秘力量来自何处？

埃及金字塔世界闻名，它在人们心中不仅仅是法老的陵墓，还是一种神秘力量的象征。

> 有人怀疑，金字塔内的神秘力量与这些神像有关

法国人鲍比最早发现金字塔具有神秘之力。他在进入大金字塔考察时，发现塔内温度十分高，但残留在塔内的生物遗体却没有腐烂变质。有的学者还发现，如果人长时间在塔内逗留，会精神失常。学者们认为这就是神秘之力在发生作用。那么，金字塔的神秘力量来自何处呢？

有的科学家认为，金字塔的结构是一个较好的微波谐振腔体。微波能量的加热效应可以杀菌，并且使尸体脱水，而在这个腔体中，可以充分发挥微波的作用。还有的科学家认为，任何建筑物都可以根据它们的外部形状吸收不同的宇宙波。金字塔内的花岗岩能吸收各种宇宙波并加以储存。而金字塔内所产生的那种神秘力量，正是宇宙波作用的结果。到底哪一种说法能揭开金字塔神秘力量之谜？相信随着科学的发展，真相将会大白于天下。

> 许多人认为，金字塔内有一种超自然的力量

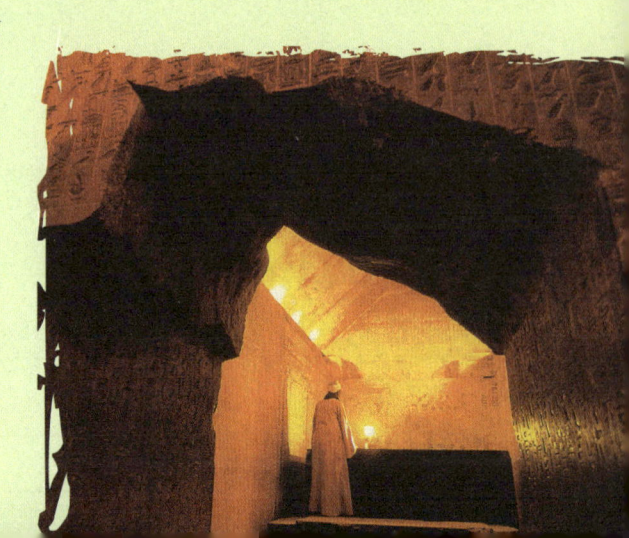

[第二章]

生命科学探奇

在地球上所有的生命中，人是最高级、最具智慧的，人的身体也是世界上最复杂的一台"机器"。到现在为止，关于人类生命还有许多谜没有解开。例如：生命为何选择螺旋结构？人类记忆可以移植吗？口吃由基因决定吗？疾病之间会相克吗？……下面，让我们走进生命科学的世界，探索其中的奥秘吧！

少年探索发现系列
EXPLORATION READING FOR STUDENTS

寻找生命的起源

地球上的生命是怎样产生的？
生命来源于星际空间吗？

地球上的生命产生于何时何地？是怎样产生的？千百年来，人们一直试图破解这个谜。

有一种说法认为，原始生命是在原始地球上产生的。进化论学派生物学家认为，35亿年前岩石形成时期的一种单细胞细菌是人类的祖先。这种原始生物的构造相当复杂：它拥有DNA（脱氧核糖核酸）和RNA（核糖核酸）两种基因，并由蛋白质、脂类和其他成分组成。人们怀疑在这种原始生物出现以前，另有一种构造更简单的生物存在。1953年，美国芝加哥大学研究生米勒的实验证明，早期地球上含有大量还原性的原始大气圈，因此生命的物质基础——氨基酸能从几种简单的化合物中得到，从而使生命的"地球产生说"几乎成了定论。但近15年的研究发现，原

▼ 生命真的起源于星际空间吗？

始大气不是还原性的，米勒的实验很难合成氨基酸。所以，"地球产生说"受到了质疑。

另一些科学家认为生命来自星际空间，其依据是在月球表面或火星的火山口，可以找到不少有机合成物。早在19世纪初，人们已在陨石上找到了有机分子，它们是有机合成物诞生的重要因素。因此持这种观点的人认为：地球生命来源于宇宙，陨石是载着生命种子的星际"飞船"。但有的科学家认为，这些星体上的有机物不可能有迁居地球的机会，因为它们降落到地球时产生的高温足以把整个海洋蒸干，令地球成为不毛之地，任何生物都无法在其上生存。

▲ 猿经历几百万年的时间进化成现代人，但在此之前又是如何进化的呢？

还有一些科学家认为，生命起源于彗星。一颗或几颗彗星掠过地球，留下的氨基酸形成了一种有机尘埃。在地球形成的早期，彗星也可能以这种方式将有机物质洒落在地球上——这就是地球上的生命之源。

众说纷纭，至今仍无定论。不过，相信随着科学的进一步发展，人类终将会解开这一谜团。

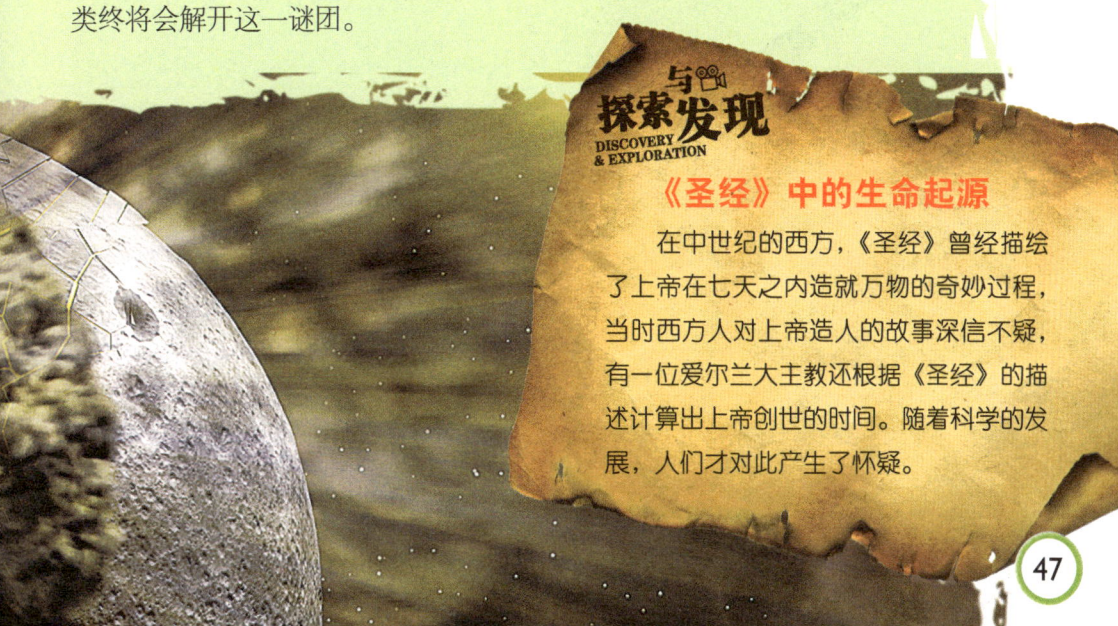

探索发现 DISCOVERY & EXPLORATION

《圣经》中的生命起源

在中世纪的西方，《圣经》曾经描绘了上帝在七天之内造就万物的奇妙过程，当时西方人对上帝造人的故事深信不疑，有一位爱尔兰大主教还根据《圣经》的描述计算出上帝创世的时间。随着科学的发展，人们才对此产生了怀疑。

男人会在进化中毁灭吗

Y染色体的功能为什么会退化？
将来地球上的男性真的会不复存在吗？

一直以来，我们生活的世界由阴阳、雌雄、公母、男女形成了一种平衡。最近，英国科学家公布了一则惊人的消息：男人正逐步走向灭亡。这确实有点危言耸听。还是让我们先来了解这一结论是如何得出的吧。

△ 科学家能不能找到替代Y染色体功能的其他基因组？

我们知道，男女性别是由性染色体决定的。女性的性染色体为"XX"染色体，男性的性染色体为"XY"染色体，男性体内有女性所没有的"Y"染色体。英国研究人员认为，人类原始的Y染色体包含约1500个基因。但是，在约3亿年的漫长进化过程中，Y染色体功能正逐渐退化。现在人类Y染色体掌管的基因数已经减少到40个左右。因此，他们大胆推测：500万年后，当Y染色体所掌管的遗传基因全部消失时，地球上的男人将不复存在。

研究人员还发现，基因突变是造成Y染色体功

◁ 染色体每复制一次，发生基因突变的可能性就大一点

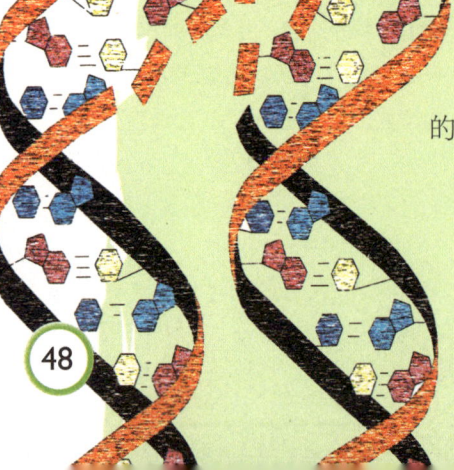

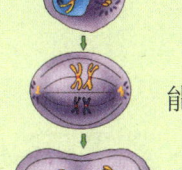

你不可不知的科学之谜
INCREDIBLE MAGICAL MYSTERIES OF SCIENCE

能退化的一个重要原因。以一个30岁的男性为例，他的精子的遗传基因之所以会递减，是因为DNA复制次数比女性的卵子多350次。而染色体每复制一次，发生基因突变的可能性就大一点。基因突变会使新一代Y染色体不能百分之百地遗传上一代Y染色体的功能，这样过一段时间后，原始Y染色体的功能就不复存在了。

另有一项新的研究成果表明，男性在进化过程中，其染色体上的基因不仅容易受到伤害，而且特别容易失去功能。因为相对于女性而言，男性的Y染色体上的遗传信息一旦丢失，就不可能像女性的XX染色体那样可以由另一个X染色体上的资讯来补充。通过调查，科学家们还发现，有5%～15%的男性之所以患上不育症，正是因为Y染色体上许多基因部分或整体产生了缺失。

对此，有一些科学家持反对意见。他们认为，尽管Y染色体的功能会有所退化，但它不会彻底消亡。研究证明，Y染色体可以通过复制其他染色体上的遗传基因来补充自己的基因库。还有的科学家提出，人类也许会在将来找到替代Y染色体功能的其他基因组，人类在进化过程中总会找到更好的繁殖后代的方法。因此，现在就断言男人将在进化中毁灭，为时尚早。

△ 减数分裂过程中不发生DNA复制，所以染色体会减半

探索与发现
DISCOVERY & EXPLORATION

猴子能进化成人吗

现代的猴子已经不具备人类的祖先那样"单纯"的身体结构，并且发生了不可逆的生理形态上的变化，这就决定了猴子不可能走上人类曾经走过的道路，即现在的猴子不可能进化成人。

生命为何选择**螺旋结构**

有哪些常见的生物选择双螺旋结构？
DNA的双螺旋结构有何益处？

不论是宏观世界还是微观世界，螺旋结构都是生命的基本形态。小到决定生命形态的DNA，大到关乎我们后天相貌美丑的蛋白质及我们赖以生存的食物的主要成分淀粉，无一例外都选择了螺旋结构。

▲ 自然界中常见的螺旋结构

DNA是我们所熟知的遗传物质，它包含着人体的遗传信息，其最重要的结构便是双螺旋结构。另外，蛋白质、淀粉、纤维素等的结构中都存在着螺旋结构。

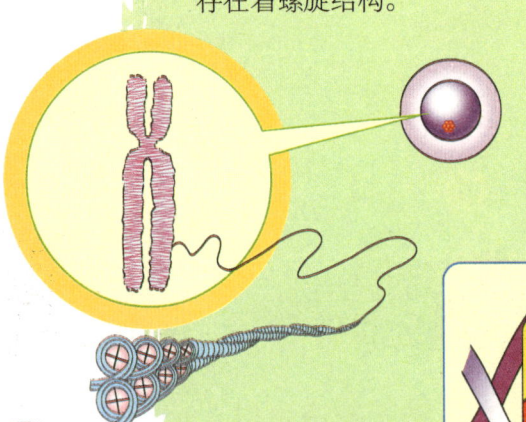

不仅生物大分子采取了螺旋结构，甚至有时整个生物体的形状或生物体的组成部分也是螺旋体的。例如，地球上最早出现的光合生物——螺旋藻就是这样的一种生物。它因其形体在显微镜下观察时呈螺旋状而被称为螺旋藻。另外，在自然中，树叶常沿着枝条呈

▶ DNA的双链

◀ DNA的双螺旋结构

你不可不知的科学之谜
INCREDIBLE MAGICAL MYSTERIES OF SCIENCE

螺旋状排列，贝壳类动物也选择了螺旋结构……

由此可知，螺旋结构的确是大自然中最普遍的一种形状，许多生物细胞中的微型结构都采用了这种构造。那么，生命为何对这种结构情有独钟呢？

"这完全是出于生存的考虑，分子中的螺旋结构是自然界能够最佳地使用手中材料的一个例子。"这是美国宾夕法尼亚大学的兰德尔·卡缅教授的说法。他认为从本质上来看，在拥挤的细胞中，长分子链所采用的规则的螺旋状结构，有两个优点：一是可以让信息紧密地结合在其中；二是能够形成一个表面，允许其他微粒在一定的间隔处与它相结合。例如，DNA的双螺旋结构允许进行DNA转录和修复。如果附着在DNA一条单链上的四种化合物之一有缺损，检查另一条单链上与之配对的化合物就可以将缺损的化合物识别出来，并复制出一个新的化合物，从而减少了畸形的发生。

不过，有的科学家认为，这种解释虽然合理，却是从数学的角度上去考虑的，为何生物体也以螺旋结构存在，真正的原因并不清楚。

◆ DNA由两条脱氧核苷酸链构成

探索与发现
DISCOVERY & EXPLORATION

DNA双螺旋结构的发现

1953年，美国科学家沃森和英国科学家克里克发现了DNA的双螺旋结构。他们弄清了DNA分子的结构以及各个DNA分子是如何连接在一起的。这一发现加速了基因科学的进程。

◆ DNA分子的结构模型

51

生命素真的存在吗

生命素是怎么被发现的？
如何证明生命素是否存在？

美国芝加哥的威格尔斯沃思医生曾做过一次有趣的试验：他用铅作衬里做了几个盒子，在每个盒子里都放上同样的土壤，再把这些盒子放到漆黑的酒窖里。这些盒子被分成两组，一组用一根根铜线将盒子与外面阳光下的金属相接，而另外一组盒子未与任何导体连接。最后，威格尔斯沃思在几个盒子里种上相同的稻种，以同样的方式照看。不久，连接了铜线的盒子里的稻种发芽了，而另一组盒子里的种子却很快烂掉了。

▲ 生物的生长真是因为"生命素"在起作用吗？

他依据这个试验推断：阳光并非生命必需的条件，生命需要一种东西，这种东西可能与阳光有关，也可能与阳光毫无关系，这种东西可以捕捉、滞留并且传递。这就是宇宙中的"生命素"。在试验中，生命素通过铜线进行传导，使稻种获得了生命。推而广之，任何生物的生长都是因为捕获了这种生命素的缘故。但是，有些科学家认为，现在下这个结论为时过早，生命素是否存在，还需要寻找更充分的证据。

◀ 如果存在生命素，那么对于万物的生长来说，阳光是不是必需的？

人类还会进化吗

什么是"解剖结构上的现代人"？
人类的体质特征还会发生变化吗？

从猿到人，从四肢着地到两足直立行走，人类的诞生以及进化是一个漫长而曲折的过程。面对这样的现实，我们总有一个疑问：在未来的岁月里，人类还会进化吗？

长期以来，有许多科学家认为，晚期智人（大约距今3万年前）的体质特征同现代人基本相似，所以又被称为"解剖结构上的现代人"。进入全新世（约1万年前至今），人类的体质特征基本不再发生变化。从这个意义上说，人类已经止步不前了。

◀ 人类的基本特征是否还在变化？

但是，另一些科学家却认为人类仍在进化的进程当中，而且新一轮的自然选择会再度降临。近年来，国内外很多学者对全新世考古遗址出土的古代人群的遗骸进行了研究。结果发现，近万年来，全新世人类的体质特征仍在进化，他们在脑颅容量、头骨的形态特征、身高、抵抗疾病的能力、人种间的差异程度等方面都发生了微妙的演化。看来，人类到底会不会继续进化，目前尚无定论。

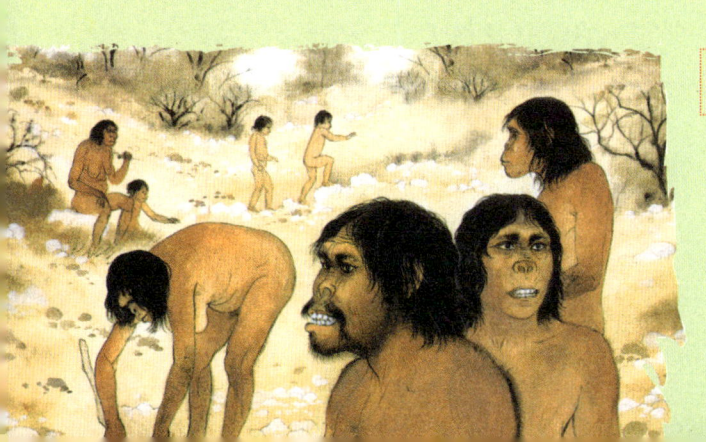

◀ 能人是指能制造工具的人种，是人属中较原始的成员

记忆是如何存储的

什么是记忆？
大脑为什么可以存储记忆？

记忆使我们每个人都很独特，也使我们的生活具有连贯性。弄清记忆在大脑中是如何存储的，对于我们理解自己必不可少。

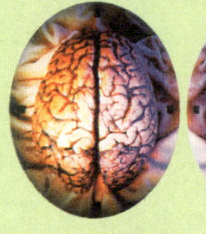

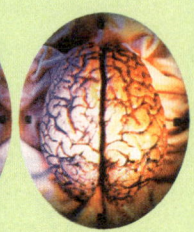

◁ 负责记忆的大脑

那么，什么是记忆呢？所谓记忆，就是人们对信息的选择、编码、存储和提取的过程。记忆离不开大脑。人的大脑主要由神经细胞构成，每个神经细胞的边缘又都有许许多多向外突出的部分，这就是轴突。在轴突的末端有一个膨大的突起，即突触小体。每个神经细胞的突触小体都跟另一个神经细胞的轴突接触，这就叫"突触"。神经细胞就是通过突触跟其他神经细胞发生联系，并且接受许多来自其他神经细胞的信息。神经细胞传递和接受信息的功能，为记忆奠定了生理基础。科学研究表明，人脑中大约有140亿个神经细胞，而每个神经细胞上有3万个突触，因而这些神经细胞之间的突触联系数不胜数。如此一来，大脑就成了一个庞大的信息存储库，将我们过去的知识、经验存储在其中。那么，记忆在大脑中是如何存储的呢？

◁ 有些音乐能够增进人的记忆

你不可不知的科学之谜
INCREDIBLE MAGICAL MYSTERIES OF SCIENCE

◀ 研究发现，过分迷恋电脑会导致人的记忆力下降

▼ 座头鲸记忆音乐的能力令人吃惊

关于记忆是如何存储的，学术界存在很大的争议。经典的"仓库模型"理论认为，大脑像"仓库"一样存储记忆，记忆片段像"货物"一样存储在大脑里。在这个"仓库"里，记忆有可能被分成许多碎块，存储在神经原细胞里。还有一些科学家提出记忆存储的新理论。他们认为，记忆是动态而不是静态地存储在大脑里的；记忆不是存储在神经原细胞内，而是由神经原细胞触角的状态来表述的。例如：当我们的感知变为电信号后，这些触角会将信号分配到一级又一级，最后到达肌肉并触发行为，产生记忆。这一理论将人类的行为与感官联系起来，说明记忆是通过"触景生情"来产生的。

看来，关于记忆是如何存储的问题，一时还难有定论。

探索发现
DISCOVERY & EXPLORATION

鲸的音乐记忆
鲸记忆音乐的能力令人惊叹。它们能以一个主旋律创作较长的乐曲，它们还懂得将混合敲击声响和纯正音调穿插应用。这种音乐记忆能力很可能是代代相传的。

人类记忆可以移植吗

多肽能影响人类的记忆吗？
生物晶片大脑怎样实现记忆移植？

随着科技的发展，人类记忆究竟能否移植，成为科学家关注的焦点。

20世纪60年代，美国心理学家麦康纳迩用低级的扁形动物——涡虫做过一次记忆移植的试验。麦康纳迩用一束光照射一群涡虫，同时用电流刺激它们。时间一长，这些涡虫就形成了一种条件反射，每当它们看到光束，即使没有电流也会马上避开。麦康纳迩又将这些涡虫碾碎，喂给那些没有接受过训练的涡虫吃，奇怪的事发生了：那些从未经过训练的涡虫一看到光也马上避开了。这个试验说明：动物的记忆可以存在于某种物质之中。

△ 大脑中的突触能向其他细胞发出脉冲，成为人类感觉思维和记忆的基础

为了弄清这种神秘物质的真实身份，科学家们又对比涡虫更高级的蜜蜂和老鼠进行试验，最后发现，这种化学物质类似于一种化学记忆密码，由细小的蛋白质分子——多肽组成。一旦这种化学物质发生转移，记忆也将随之转移。

移植记忆在小动物身上获得成功后，科学家便将目标转向了人类。动物

探索发现
DISCOVERY & EXPLORATION

大脑"舒氏区"

中国科学家舒斯云在研究老鼠脑皮层下的高级运动中枢——纹状体时，发现有一群纺锤状细胞在它的边缘形成一个特殊区域。该区域和脑的学习、记忆功能密切相关，被称为"舒氏区"。

你不可不知的科学之谜
INCREDIBLE MAGICAL MYSTERIES OF SCIENCE

▲ 科学家正在给动物做记忆移植试验

记忆移植的成功经验说明，如果把位于大脑中央部位管理记忆的海马体的所有脑质转移，那么记忆力也会随之转移。但是，人的记忆的移植，要比其他动物复杂得多。人脑中约有140亿个神经细胞，它们通过特殊的接触——突触向其他细胞发出脉冲，这些突触每秒钟能通过数百万个脉冲，这是人类感觉、思维和记忆的基础。人类的记忆过程，除了神经细胞的参与外，还有脑干不同部分的参与，因而记忆的产生也不仅仅是多肽在起作用。人类的记忆力主要取决于脑干的若干系统，而这些系统是相当复杂的。对于人的大脑，目前的医疗技术只能做一些修复和恢复的工作，离大脑的移植还有很长的路要走。

▶ 参与记忆的神经细胞

　　不过，有些科学家提出通过生物晶片大脑的研制来实现记忆的移植。这种生物晶片可以复制一个人大脑所储存的全部记忆信息，再将载有这些信息的生物晶片植入另一个人的大脑中。如果生物晶片与人的大脑接驳成功，记忆移植就算获得了成功。不过，这只是一种美好的设想，最终能否实现，还需要科学家们的努力。

▶ 假如人类的记忆能够移植，世界将会变成什么样呢？

部分记忆来自肚皮吗

> 神经记忆分为几种?
> 什么是"第二大脑"?

记忆,是人脑最为重要的功能之一,影响着一个人的理性决定。当我们说"记性不好"时,主要是指大脑的神经记忆不好。

首先让我们从大脑的神经记忆说起。神经记忆分为短期和长期两种。短期记忆只在大脑里保留数分钟,比如当我们听到一个新电话号码后,可以短期记住,直到把它写在纸上。不过,这种记忆极其有限,而且非常不牢靠。要使短期记忆转为长期记忆,就要依靠位于大脑颞叶深部的海马体。我们日常生活中的短期记忆都存储在海马体中,如果在短时间内一个记忆片段被重复提及的话,海马体就

▲ 人的许多感觉都是从肚子里传出来的

▽ 在我们的肚子里存在着复杂的神经网络

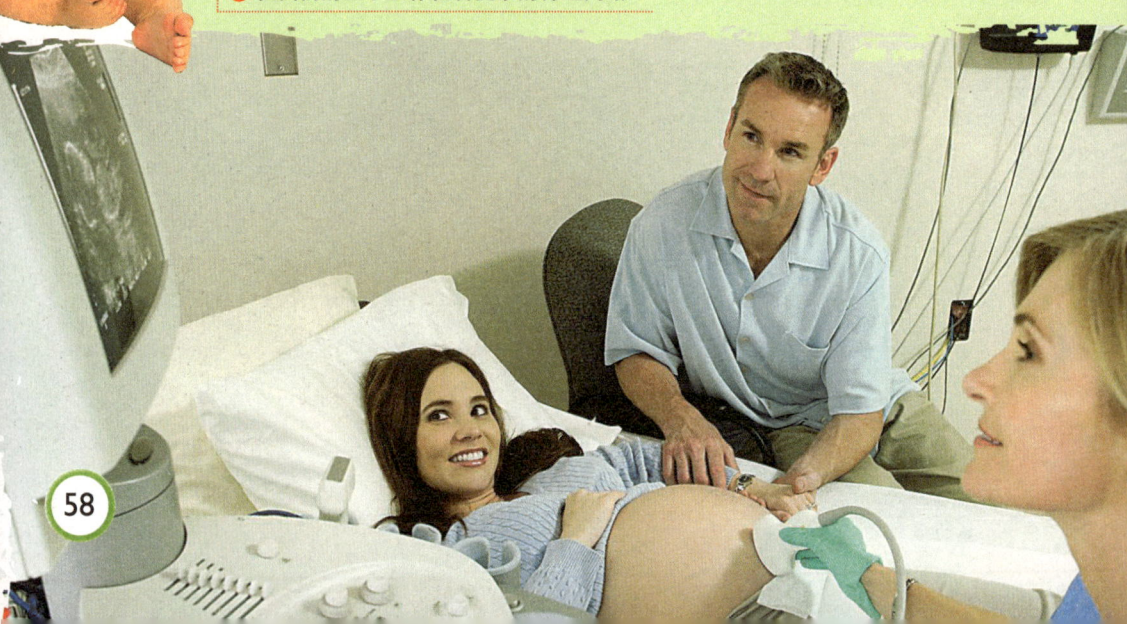

会将其存入大脑皮层，成为长期记忆。存入海马体的信息如果一段时间没有被使用的话，就会被"删除"，也就是被忘掉了。

不过，也许记忆并非只是大脑的专利，人体中还有其他可以存储记忆的地方。最近，德国一些科学家在实验中发现，人类的许多感觉和知觉都是从肚子里传出来的，也就是说，记忆是由大脑与肚皮各自的记忆结合而成的。这太不可思议了，肚皮怎么会有记忆呢？

> 通常我们听到一个新的电话号码时，只能在短时间内记住

科学家在实验中发现，在我们的肚子里存在着人体的"第二大脑"——一个非常复杂的神经网络，也被称为"腹部大脑"，它拥有的神经细胞比骨髓里的还多。人体95%的神经传递物质——血清基都产生于腹部的"第二大脑"。这套神经系统的特别之处，就在于它能下意识地存储身体对所有心理过程的反应，而且每当需要时就能将这些信息及时调出并传给大脑。因此，有科学家认为，通过观察人的肚子能够了解人的思想。

这一说法引起了许多科学家的关注，他们开始将一些病症的起因归为"第二大脑"的神经系统没有发挥功能，例如神经性恐惧症和抑郁症等。不过，对于肚皮为什么会是一部分记忆的来源的问题，科学家仍在不懈地探究。

探索与发现 DISCOVERY & EXPLORATION

"左撇子"的记忆力

"左撇子"的记忆力高于其他人。这是因为"左撇子"是事态性记忆。事态性记忆要求大脑左右半球"通力合作"，而"左撇子"的优势就在于能够很好地调动大脑两个半球的活动，记住事件的细节。

"嗅觉大脑"之谜

"嗅觉大脑"是如何参与记忆的？
科学家发现"嗅觉大脑"的生理机制了吗？

最近，德国科学家在实验中发现，人体内有一块控制嗅觉的功能区与记忆密切相关。大多数科学家认为这一发现或许能对解开人类的记忆之谜有所助益。

科学家发现，一些癫痫病人做完脑部灶切除手术后会出现记忆受损的症状。在实验中，科学家将测量电极放在病人脑部海马体的附近，同时让病人识记一些没有关联的词语，并记录下病人识记这些词语时脑部的活动。通过对测量数据的对比，科学家发现，当被测试的病人看见一个词语时，总是嗅觉功能区里的神经元先活动，随后海马体的神经元才开始活动。而且，只有当海马体与嗅觉区的神经元活动达到绝对同步时，病人才能完全记住给出的词语；一旦这两个功能区的神经元活动不同步，病人就无法记住给出的词语。这说明，大脑除了海马体，还有一处被称为"嗅觉大脑"的区域也参与了记忆过程。

那么，"嗅觉大脑"功能区的生理机制是什么？为什么它能够参与记忆？对此，科学家目前仍无答案。

▲ 在人脑的海马体附近，存在"嗅觉大脑"功能区

◀ 嗅觉能唤起人的某种记忆

语言"切换"的奥秘

不同的语言在大脑中是如何进行"切换"的？
不同的发音规则决定了语言的"切换"吗？

许多人除了自己的母语之外，还熟练地掌握了几门外语。一直以来，人们都认为可能是大脑的不同功能区分别控制着不同的语言，才使得人们在各种语言间"切换"时不会混淆。但最近德国科学家蒙特宣称：语言"切换"的奥秘在于各种语言的不同发音规则，这些规则如同一个"过滤器"，使说话者可以分辨出不同语言，进而自如"切换"。

△ 有些人能熟练地掌握几门外语

蒙特带领研究小组做了以下测试：挑选能够熟练掌握西班牙语和加泰罗尼亚语（西班牙东北地区语言）或其一的人作为研究对象，要求他们对以上两种语言的词汇和故意编造的"伪词汇"进行辨别。测试发现，只会一门语言的人在辨别时，采用直接从单词联系到其含义的方法；而双语受试者总是先确定某个词所属的语言种类，然后才反应出其含义。因而他认为，各种语言在脑部属于同一脑部功能区管理，语言的发音规则才是控制其识别过程的关键。

不过，蒙特的观点并没有得到大多数科学家的认同。看来，要破解语言"切换"的密码，仍需继续努力。

▷ 掌握不同语言的发音规则，说话者就可以在不同的语言间自如"切换"

人为什么要睡觉

人类是为了消除身体疲劳才睡觉吗？
睡眠是为了打发黑夜吗？

在人的一生中，约三分之一的时间是在睡眠中度过的。那么，人为什么要睡觉呢？

有的科学家认为：睡觉是为了消除身体的疲劳，弥补一天劳累的耗损。其依据是：在睡眠的最初数小时内，大脑基底部的脑垂体会释放出大量的生长激素，这种生长激素能促进体内蛋白质的代谢，从而促进体内组织的生长和修复。

而以美国的哈特曼教授为代表的科学家则认为，睡觉有消除身体疲劳和精神疲劳两个功能。哈特曼曾将每晚只睡4小时的短睡眠者与每晚要睡8～9小时的长睡眠者进行比较，结果发现两者在生理上没有什么差异，可是各自的心理状态却有很大区别。

还有一种观点认为，人的睡眠根本没有恢复体力的作用，仅仅是人们打发黑夜的本能行为。

以上几种观点究竟孰是孰非，目前仍无定论。

◀ 人们进行各种活动的时间跟体内生物钟有很大的关系

人体内有没有"瞌睡虫"

> 人为什么会打瞌睡?
> "睡眠素"是否存在?

还记得我国古典文学名著《西游记》中的孙悟空吗?他除了有七十二般变化,能腾云驾雾之外,还有一样很特别的本事——能用"瞌睡虫"催眠。这当然只是虚构的情节,不过,近年来,科学家正努力探究人体内是否存在"瞌睡虫"。

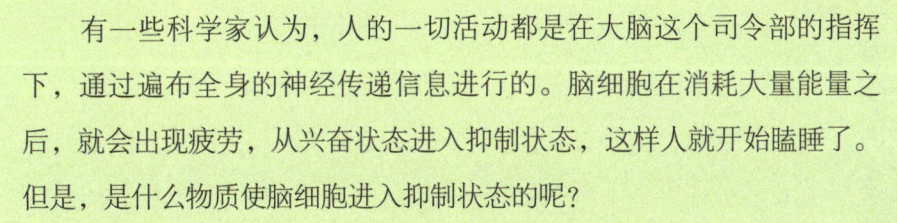

有一些科学家认为,人的一切活动都是在大脑这个司令部的指挥下,通过遍布全身的神经传递信息进行的。脑细胞在消耗大量能量之后,就会出现疲劳,从兴奋状态进入抑制状态,这样人就开始瞌睡了。但是,是什么物质使脑细胞进入抑制状态的呢?

一些科学家认为,人在醒着时,就在逐渐积累一种具有催眠作用的特殊物质,当积累到一定量的时候,这种物质就会催人入睡。他们把这种物质称为"睡眠素"。这种物质是否真的存在?如果存在,它们又是怎么起作用的?目前仍无定论。

▼ 人体内是否有一种催人入眠的特殊物质?

梦游之谜

> 梦游通常发生在什么时期?
> 梦游现象是怎么产生的?

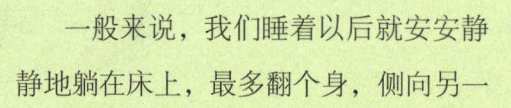

一般来说,我们睡着以后就安安静静地躺在床上,最多翻个身,侧向另一边继续睡。可有的人在入睡之后,会无意识地走出房门,或者在自己家里打水、扫地,有的还会走到街上散步,有的甚至能非常敏捷地爬上墙头、屋顶和大树,最后又回到屋里,躺在床上继续睡觉。奇怪的是,这些人到了第二天早上,对夜里自己做的事却一点都想不起来了。这种睡眠中的无意识行为就叫梦游。

▲ 梦游者

据研究,人睡着后大脑并不会完全休息,反而更加活跃。入睡后,我们通常会由浅睡期到深睡期,再到浅睡期,如此反复几个周期。浅睡期大脑活动频繁,我们容易做梦;而深睡期脑部代谢活动放慢,我们是不会做梦的。根据脑电图的显示,梦游现象通常发生在深睡期。因此,梦游与做梦无关,称它为"梦中行走"或许更合适一些。关于梦游产生的原因,主要有以下几种说法:

一些医学家认为,梦游是一种神经系统的疾病,医学上称为"梦游症",这种疾病大都是儿童时期遗留下来的。有的外国学者解释说,7~9岁的孩子最易患梦游症,这可能是由于孩子对自己在家里或者学校的处境不满而导致的。随着年龄的增长,梦游现象会逐渐消失。

◀ 有人认为梦游症是儿童时期遗留下来的

还有一些医学家认为，梦游是由于睡眠过深引起的。其根据是梦游症常常发生在睡眠的前三分之一深睡期，故各种使睡眠加深的因素，如白天过度劳累、连续几天熬夜引起睡眠不足、睡前服用安眠药等，都有可能诱发梦游症。还有研究表明，梦游主要是人的大脑皮层活动的结果。

另一些医学家认为，梦游是遗传因素导致的。他们发现人体内有一种名为HLA-DQB1的免疫系统基因，也许它可以部分解释为什么有些人会在睡眠状态中梦游。科学家们选取两组各60名对象进行对照研究，其中一组为梦游症患者及其近亲，另一组为睡眠正常者。研究发现，那些体内携带特定类型HLA-DQB1基因的人梦游的可能性比常人高出约3.5倍，其中有些还患有严重的梦游症。

以上几种说法，看似都有道理，但到底是什么原因导致了梦游现象的产生，至今仍没有定论。相信在不久的将来，科学家们会给我们一个合理的解释。

> 做梦通常在浅睡期，而梦游通常出现在深睡期

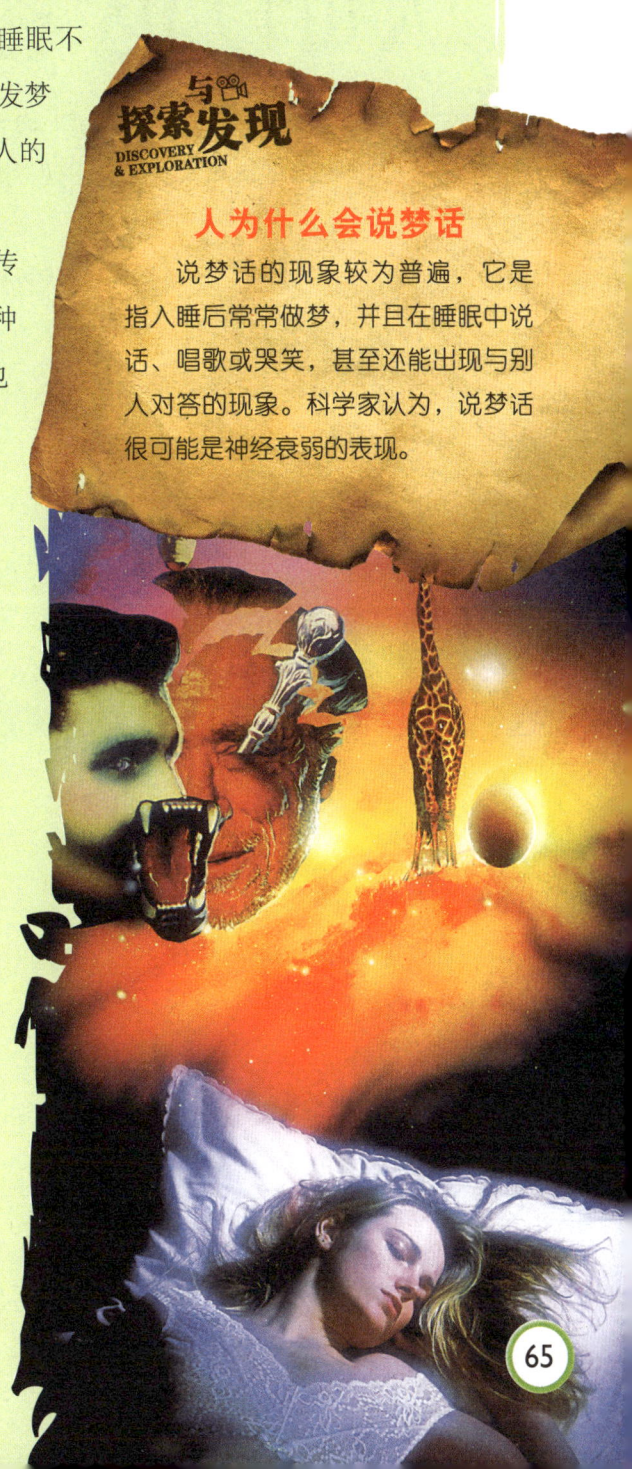

探索发现与 DISCOVERY & EXPLORATION

人为什么会说梦话

说梦话的现象较为普遍，它是指入睡后常常做梦，并且在睡眠中说话、唱歌或哭笑，甚至还能出现与别人对答的现象。科学家认为，说梦话很可能是神经衰弱的表现。

人可以返老还童吗

服用激素能使人"长生不老"吗？
为什么有些老年人身上会出现"返老还童"的现象？

从古至今，"返老还童"一直都是人们，特别是老年人的梦想。近年来，我们耳边总能听到"七旬老太太长新牙""八十老汉长出黑发和青春痘"等奇闻。在现实生活中，确实有一些老年人身上出现过这些现象。

我们知道，人的衰老是人体中呼吸系统、心血管系统、内分泌系统、神经系统等整体衰老的过程，所以，由衰老引起的身体结构的变化，是无法逆转的。那么，上文中提到的"返老还童"现象，究竟是人们一厢情愿的想象，还是确有其事？

科学家认为，我们虽然看到了某些"返老还童"的现象，但是由于条件不齐备无法研究，因此其机理不是很清楚，只能猜测和人的心情、饮食、内分泌的变化有关。也有可能是他们采取了某些延缓衰老的方法，比如服用激素，通过人为的外力推动，让某个系统得到一些改变；但很难说这对整体的影响有多大，也很难说这是不是真正的返老还童。因而人能否返老还童，还是未知数。

▲ 服用一些激素，可以延缓衰老

◀ 有人认为，某些"返老还童"现象可能跟人的心情有关

神奇的"生命钥匙"

酶是如何影响人体内的化学反应的?
人体内酶缺乏或不足时会有什么影响?

有了酶,人体才能够顺利进行化学反应

生物学家告诉我们:人体就像一个庞大的"化学工厂",时时刻刻都在进行着各种不同的化学反应。这些化学反应特别复杂,进行的速度也特别快。不过,这些化学反应就像一把"锁"一样,需要一把对应的"钥匙"才能打开,不然的话,化学反应就无法进行,生命活动也就会随之停止。这把神奇的"生命钥匙"就是酶。

之所以说酶神奇,是因为它的催化作用高度专一,一种酶只能催化一种(或一类)化学反应。目前,人体内已经发现的酶有近千种。另外,酶的催化效率也比一般催化剂要高得多。在常温常压及pH值中性的条件下,酶比一般催化剂的效率高$10^6 \sim 10^{12}$倍。如果人体内酶缺乏或不足,就会影响某种生物化学反应,发生代谢紊乱,并可能引发疾病。

对于酶为什么会具有特殊的催化作用,至今没有人能圆满地解答。

我们吃东西时,消化酶会分解食物

扑朔迷离的基因

基因有什么神秘之处？
人类有多少基因？

"基因"这个概念，从诞生至今已有一百多年了，人们对它可谓耳熟能详。基因是什么呢？它是指携带遗传信息的DNA或RNA序列，也称为遗传因子。基因有两个特点：一是能忠实地复制自己，以保持生物的基本特征；二是能够"突变"，绝大多数突变会导致疾病。

基因像一个爱捉迷藏的孩子，喜欢隐藏自己。研究人员发现，在一个DNA序列里，有些片段属于某个基因，这些片段被称为外显子；间杂的那些与任何基因没有关系的片段，则被称为内含子。对于如何在一个连续的DNA上甄别出内含子与外显子的起点与终点，研究人员一直比较头痛。他们依靠大量收集已经在实验中得到证实的样本，作为归纳的基础。遗憾的是，这些归纳并没有揭示出太强的规律，因而也就无法进一步了解基因。另外，科研人员常常在基因组里面发现某些既无法判定其

◆ 人之所以有不同的相貌，跟基因有很大的关系

你不可不知的科学之谜
INCREDIBLE MAGICAL MYSTERIES OF SCIENCE

是否包含真正的基因，也无法断定其是否为无用的垃圾序列的部分。即使科研人员用尽一切办法，也无法从中搜索到基因，但它又具备隐藏着真实基因的可能性，只不过这些基因"面目模糊"，难以辨别罢了。

尽管如此，科学家还是试图揭开基因的神秘面纱。20世纪90年代，有一些科学家依靠从序列中搜索基因的方法，捕获了不少新的基因，使人们对基因的认识大大向前迈进了一步。但是，人类有多少基因，至今都没有一个确切的说法。

△ 科学家可以运用计算机进行基因搜索

几年前，有些科学家估计人类有10万个基因，但随着基因组计算的完成，这一数目降为3万个。而运用当前最流行的4种基因搜索程序对人类基因组全序列进行搜索，得出的结果也不尽相同。最近，更多人倾向于人类的基因个数为2万个。可是，即使在已经被搜索出的基因中，也可能存在着一些伪基因，将来条件成熟时可能会被剔除，而这无疑是一项艰巨的任务。

看来，要了解基因的真实面目，人类还需要付出更多的努力。

探索与发现 DISCOVERY & EXPLORATION

搜索基因

人们先将关于基因结构的知识归纳起来，形成一些判断标准并翻译成计算机程序，再将从实验中获得的DNA序列输入计算机进行搜索，计算机就会判断出这个序列是否存在基因。

口吃由基因决定吗

口吃是怎么引起的?
口吃会不会遗传?

口吃又称为结巴,是常见的一种语言障碍,主要表现为讲话不流畅、阻塞和重复,尤其在儿童身上比较常见。一直以来,人们都试图找出口吃的发病原因,科学家还提出了多种理论来解释口吃的原因。在这些理论中,有一种认为口吃可能是遗传因素造成的。事实果真如此吗?

▲ 口吃者讲话通常不流畅

研究人员在调查中发现,在被调查者中,大约有一半的口吃患者至少有一位被相同病症折磨着的亲人。他们对这些患者及其家庭成员的基因进行分析,最终认为,口吃是通过基因遗传下来的。

目前,通过一些复杂的遗传研究手段,科学家已经初步确定造成口吃的基因。美国的科学家尼科林·安布

◁ 口吃通常发生在儿童身上

▽ 基因疗法中的染色体分析

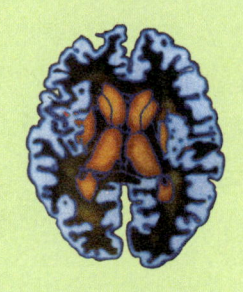

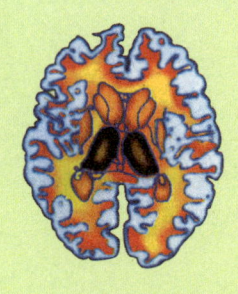

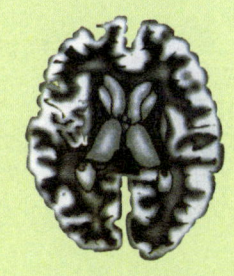

罗斯发现，人体内一个主要的基因和另外一些不太重要的基因会引发口吃。这项研究成果一公布，就引起了众多科学家的兴趣。不久后，美国的另一位科学家南希·考克斯也试图从遗传基因方面入手，解释造成口吃的原因。

考克斯和她的课题组对居住在南达科他州农村地区的一个宗教部落进行了大量的DNA检测。由于这个地方与世隔绝，长期闭塞，部落中的人极少受到外部的影响，因此他们的基因库相对不易发生突变，这就为DNA检测提供了较为难得的机会。DNA检测结果令考克斯异常兴奋：通过大量的数据分析，在这些人的人体基因库中共发现了3处可能与口吃有关的基因位点。她推测，口吃病症痊愈的孩子可能与那些终生都口吃的人有着不同的基因。如果这种基因得到确认，那么口吃病症就能像其他疾病一样得到及时的治疗。随后，她决定对那些在成长过程中逐渐克服了口吃病症的孩子进行研究，希望从中找出可能与口吃有关的DNA片段。但由于这种基因目前没有得到确认，因此，口吃可能由基因决定只是一种推测。最终结果如何，让我们拭目以待。

> 研究人员正在分析口吃患者的基因

探索发现与 DISCOVERY & EXPLORATION

口吃产生的原因

有人认为，口吃不是一种简单的语言障碍，而是生理和心理方面的一种复杂的功能紊乱。生理原因即遗传或某种脑功能障碍，而心理原因，多指精神紧张、焦虑、应激等。

奇异的显微镜眼

人的眼睛会具有显微镜的功能吗?
眼睛像显微镜一样会带来什么麻烦?

许多人都希望自己有一双像显微镜一样的眼睛,让这个世界中的一切纤毫毕见。据说,在德国的路德维希堡市,有一位名叫维罗尼卡的女医生,她的眼睛就像显微镜一样,能把物体放大几百倍。她能把一部32万字的长篇巨著,抄录在一张普通的明信片上,由于她是用铅笔誊写的,所以每写两个字就得把铅笔精心削一遍。

维罗尼卡这双得天独厚的眼睛,对她从事的医生职业大有好处,她可以轻而易举地发现病人口腔里的细微病变。但能放大物体的肉眼,也给她的生活带来了很多不便。例如:纸张上肉眼看不见的纤维会阻挡她的视线,妨碍她阅读书籍和报纸杂志;她也无法看彩色电视,因为她看到的不是一幅幅美丽的画面,而是五颜六色的星星点点。现在,她正致力于编撰微型书籍。专家们称这位女医生的眼睛为"活的显微镜眼",可是对于她这种特殊能力是如何获得的,专家们暂时还无法解释。

> 一般人的眼睛并不具备显微镜那种放大微小物体的功能

移植心脏会改变性格吗

> 性格会随心脏一起移植吗?
> 为什么有些人植入别人的心脏后会性情大变?

我们知道,保存人类记忆的应该是人的大脑皮层而不是心脏。可是,据统计,自从第一例心脏移植手术成功以来,每10例接受移植手术的病人中,就有1例会出现性格改变的现象。这纯粹是一种巧合,还是说原主人的性格会随着心脏一起移植到新主人身上?

▲ 有专家认为,心脏里贮存着支配大脑的信息

美国生理学家波尔·皮尔索尔经过长期的研究,在他的《心脏代码》一书中,列举了多个例子,说明自己的观点:心脏里贮存着支配大脑的信息,所以心脏一旦植入别人的身体,便开始指挥新的主人,改变他的性格和习惯。

然而,大多数科学家认为皮尔索尔的说法并不科学。他们分析,造成患者心脏移植后性格改变的原因有两个:一是患者手术前长期处在病痛折磨中,身体和心理都受到了很大的影响,情绪上会有一些变化;二是由于患者服用一些抗排异药,对脑神经产生了一些影响。

移植心脏时到底会不会将人的性格一起移植,科学家目前仍在探究之中。

▷ 移植心脏后,原本乐观开朗的性格会发生怎样的变化?

人类也能让器官再生吗

两栖类动物为什么具有再生功能？
胎儿有自愈能力吗？

在大自然中，有些低等的两栖类动物拥有独特的器官再生能力，当它们身体的一部分受到损伤时，可以很快地重新长出失去的部分，完全恢复受伤之前的状态。比如蜥蜴，它在遇到危险时往往能自行断除尾巴，趁机逃走。它的尾部断口处的肌肉在一瞬间便会收缩、硬化，防止断口处流血，并组成细胞块。这些细胞块的组织里有一种叫作"再生芽"的细胞，能以极快的速度分裂、生长，在短时间内便形成一条新的尾巴。壁虎、螃蟹、蚯蚓等很多低等动物都拥有这种惊人的器官再生能力，可以让一部分躯体重新长出来。动物这种神奇的再生能力真让人羡慕，那么，人类有没有可能让自己的器官再生呢？

一般认为，在人的器官中，只有肝脏具有再生功能，当肝脏被切除四分之三后，剩余的肝脏不久就可以再生，人体其他重要的器官都不具备再生功能。不过，最近的一项科研成果对以上观点提出了挑战。研究人员发现，某些动物的器官能

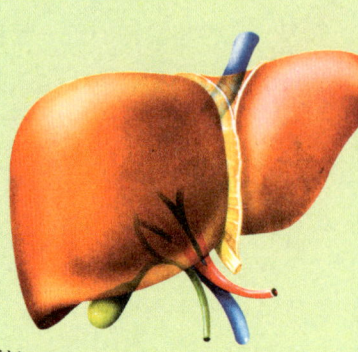

▲ 人的肝脏具有再生功能

◀ 婴儿在母体内的自愈功能，可能跟再生基因有关

够再生，取决于它们的特殊的基因，只不过由于种种原因，这些基因在许多物种中退化了。而人体内也潜藏着可以自愈创伤甚至再生组织的基因，因为人类的细胞也和一些拥有再生能力的动物一样，先天便已经具备了发育新肢体部位的能力。在胎儿发育的过程中，其体内的细胞发展便证实了这一点。

> 鹿能再生出鹿角，人的器官却很难再生

研究发现，如果给母体内不超过6个月大的婴儿做手术，婴儿出生后，身上根本找不到手术留下的痕迹。但是，随着婴儿渐渐长大，这种完美无缺的康复功能也随之丧失。因此，研究人员的首要任务是弄明白使胎儿具有自愈功能的基因是什么，胎儿长大后，为什么会丧失这种宝贵的自愈功能。另外，细胞内的DNA也许具备让新器官成长的"指示密码"。找到这些，就找到了打开人类器官再生的钥匙，能够将人类细胞的潜在功能挖掘出来。

以上只是再生研究人员的一种美好设想，要真正实现人体器官的再生，人类还有很长的路要走。

探索发现与 DISCOVERY & EXPLORATION

哺乳动物的修复功能

所有的哺乳动物都能重新修复其身体的破损部位。例如，鹿能再生出鹿角，有一些鹿角的生长速度达到了每天2厘米；人的指尖只削掉了前端的一点点，也有可能再生。

> 人类一直非常渴望像壁虎一样再生器官

少年探索发现系列
EXPLORATION READING FOR STUDENTS

为何会有连体人

连体人真是"不祥之兆"吗？
连体人是怎么形成的？

自古以来，连体人一直是人们关注的焦点。在一些人的眼里，连体人简直就是怪物的代名词。一些思想迷信的人，还把连体人的出现看成是"不祥之兆"。

▲ 正在形成的受精卵

其实，连体人是胚胎发育上的错误，与天灾人祸毫不相干。通常，一个妇女每月只排出一个成熟的卵子，这个卵子与一个精子结合，形成了受精卵，再由这个受精卵发育成一个胎儿。可是，有时候一个受精卵也会发育成两个或更多的胎儿，或者两个精子钻进了一个卵子中，并分别发育起来。在这种情况下，就极有可能形成连体胎儿。可是，对于连体胎儿在这个阶段具体是如何形成的，专家们也有着较大的分歧。

一种说法认为，受孕后21天左右，受精卵在分裂成两个完整胚胎的过程中，由于受到某种因素的影响分裂得不完全，于是出现连体胎儿。另一种说法认为，受精卵的分裂是完全的，但由于某种因素又导致了部分融合，形成连体胎儿。还有一种说法认为，环境因素的日益恶化，干扰了生物体的内分泌，从而形成连体胎儿。

到底哪一种说法更科学呢？至今没有定论。

◀ 当一个受精卵发育成两个或更多的胎儿时，就有可能形成连体胎儿

你不可不知的科学之谜
INCREDIBLE MAGICAL MYSTERIES OF SCIENCE

地球上发现的新生命

> 地球上存在地下微生物吗?
> 宇宙中的其他星球上也存在微生物吗?

1980年，科学家在大海深处的热泉喷口发现了大量的微生物，它们依靠洋底裂缝中不断上升的热浪携带的能量维持生命。后来，人们发现在离陆地数百米甚至数千米的深处也存在着这样的微生物。

随后，世界上的许多地方都证实了地下深处微生物的存在，甚至在地壳30多米的深处也有微生物存在。地壳30多米的深处已经有35亿年的历史了，虽然新形成的地壳温度比老地壳温度低了很多，但是老地壳的温度却有90℃。专家们证实，这些微生物是无法在地表培养出来的。

这些微生物的发现扩大了生物学家为生命界定的范围。美国的一些专家认为，这种生命形态可能存在于宇宙中的许多星体上，而地球上的这些生命形态只不过是宇宙生命形态的一个小分支。这些微生物里到底深藏着怎样的秘密？它们是否与"外星生命"有关？这些问题都有待科学家进一步研究。

◀ 许多星体上都可能存在着微生物

人类和黑猩猩的基因组

人类和黑猩猩的基因组有哪些差异？
人类和黑猩猩的基因组为什么会有差异？

大约从600万年前开始，人类和黑猩猩走上了不同的进化道路。作为生物界与人类最接近的"亲戚"，黑猩猩和人类的差别到底有多大呢？目前，科学家们已经开始研究这个问题。

科研人员对黑猩猩的基因组序列进行分析，并将它与人类的基因组序列进行比较，结果发现，黑猩猩和人类在基因上的相似程度在96%以上。科学家认为，人类和黑猩猩由共同的祖先分别进化后，其蛋白质只经历过一次主要的变化，两者之间的差异只相当于任意两个不同的人之间基因组差异的10倍。科学家表示，对黑猩猩完整基因组的分析将有利于人类医学的研究，从黑猩猩和人类的基因组的差异入手可以探究人类疾病背后的生物本质。那么，黑猩猩和人类在基因组上具体存在哪些方面的差异呢？

由于人类与黑猩猩分化后所遇到的自然选择的压力不同，因而各自的基因变化途

△ 黑猩猩与人类基因组的相似程度极高

◁ 突变基因影响了人体内与语言相关的基因

径也不相同，当然也就产生了明显的基因差异。

进一步研究表明，在人类与黑猩猩基因组的约30亿个DNA碱基对中，有差异的为3500万对。而这3500万对有差异的DNA碱基又导致了500万个有差异的位点，从而形成总数为4000万个DNA的序列差异。

此外，人类的一些基因比黑猩猩同样的基因变异得要快，其中最突出的是负责"管理"胚胎发育的编码转录因子的基因。此外，人类还有黑猩猩所不具备的50个基因，其中有3个与炎症反应相关。但黑猩猩也拥有人类所不具备的1个基因，这个基因的意义非同一般，它能够保护大脑不受早老性痴呆症的侵袭。

科学家们还发现，人类基因组的突变基因具有明显的竞争优势，这一优势使这些突变基因变成了正常基因，从而影响了与语言相关的基因。

不过，上述比较只是初步的，要完全弄明白两者之间的差异以及这些差异形成的原因，人类还有一段很长的路要走。

▶ 黑猩猩拥有人类不具备的基因，能保护其大脑

◀ 人类拥有黑猩猩所不具备的50个基因

探索发现
人类的嗅觉基因

同其他哺乳动物一样，人类基因组也有大约1000个基因是用来编码察觉气味的蛋白质的，也就是嗅觉受体。但这些基因中有超过一半不工作，因而人的嗅觉普遍不如其他哺乳动物的嗅觉。

死亡村 村民猝死疑云

克山病是导致村民连续猝死的原因吗？
"死亡村"的水源中有什么病毒？

在我国云南省思茅市的哀牢山区，有一个彝族村寨。自20世纪90年代起，这个原本恬静的小村寨竟然成了令人恐怖的地方，许多人在没有任何征兆的情况下突然死亡，几年下来，这个小村寨成了闻名四方的"死亡村"。

▲ 专家在当地的水源中发现了致人死命的病毒

起初，有些专家认为可能是慢性克山病导致村民连续猝死，因为这个山区曾经有过该病爆发的历史。但也有专家否定了这种说法，其依据是在死者身上并不存在克山病的最重要的证据之一——硒元素。

接着，专家组通过解剖尸体，认为可能是因柯萨奇B组病毒的感染而造成病毒性心肌炎。经过艰难的找寻，专家最终在水源中找到了柯萨奇B组病毒。

但新的疑问又随之产生了。为什么与这个小村寨相邻的两个村庄，村民们都饮用同一个水源，却从没有发生类似的猝死事件呢？目前，许多专家仍然频频出入那个令人恐惧的地方，试图拨开村民离奇猝死的迷雾。

◀ 哀牢山区的彝族小村寨，原本也和这里一样秀丽

生命可以"冻存"吗

> 为什么有些人会"死而复生"?
> "人体冻存"能不能让人"死而复生"?

据说,有一支登山队在阿尔卑斯山附近的冰层里发现一具栩栩如生的法国士兵的尸体,登山队员将这具尸体送到马赛城的医学研究所。经过专家细致、慎重地解冻,奇迹出现了:那具尸体复活了。原来,他叫菲力普,22岁时成为法国步兵团的士兵,在1917年的一次急行军中,他不慎被冰层覆盖。不久,菲力普康复了。他的体重、行动、面貌跟22岁时毫无二致。

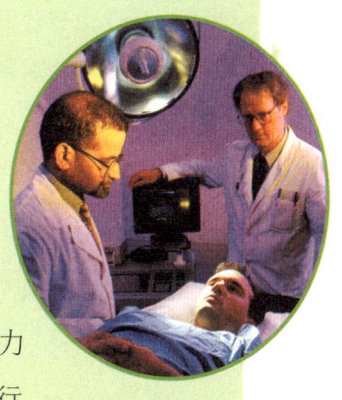

类似的事例在世界上还有不少。这是怎么回事呢?科学家认为,在菲力普的心脏停止跳动后,他的脑还没有发生不可逆转的死亡,因而冷冻69年后,可以再度"复生"。他们据此认为可以通过"生命冻存"的方式,让人"死(假死)"而"复生"。但有科学家认为,这种"复生"带有很大的偶然性,目前的"生命冻存"只能看作一种探索性的工作,最后能否实现"复生",还未可知。

医务人员正在做"冻存"实验

阿尔卑斯山的厚厚冰层曾经将菲力普"冻存"69年吗?

少年探索发现系列
EXPLORATION READING FOR STUDENTS

人类能不能克隆自己

> 为什么有些专家认为目前的克隆不是真正的克隆？
> 怎样才能实现人的克隆？

1996年7月，小羊"多莉"在英国横空出世，举世震惊。说起这只羊，那还真是非比寻常。它是用一只羊身上的细胞成功地复制出来的。这种通过体细胞进行无性繁殖，复制出遗传性状完全相同的生命物质或生命体的技术，被人们称为"克隆"。

▲ 克隆羊多莉

十多年过去了，在小羊多莉之后，世界上已经有数十只克隆动物问世：鼠、猫、牛、猪、马、狗……随着克隆动物越来越多，人们也越来越迫切地想知道：既然羊可以克隆，人类可能克隆自己吗？

有些科学家认为，就现在的技术条件来看，这是不太可能的。因为在正常情况下，生物分子内的甲基物质可以规范DNA中遗传基因的顺序，但克隆的过程则打乱了这个顺序，也就是说克隆不可能重现正常胚胎的甲基化模式。而且，从遗传学的角度上讲，克隆是无性繁殖，克隆人与被克隆人之

◀ 人可以被"制造"出来吗？

你不可不知的科学之谜
INCREDIBLE MAGICAL MYSTERIES OF SCIENCE

▲ 克隆人试验备受争议

▲ 有的科学家担心：克隆人技术会带来混乱的伦理关系

间应当是兄弟姐妹的关系。但就其生育过程来看，"制造"出来的人也可以被认为是被"制造"人的孩子。因而一旦克隆人成功，无异于打开了罪恶的潘多拉盒子，这种混乱的伦理关系的确令人尴尬。还有些科学家认为，克隆技术只能复制出外貌特征相同的生物，却不能复制出被复制者原有的才能。而且，目前大多数克隆动物存在许多先天不足，因而这种克隆并不是真正意义上的克隆。

不过，有的科学家认为克隆人完全有可能实现，因为克隆技术目前最大的目标是整套克隆人类胚胎干细胞。胚胎干细胞是人体的"万能细胞"，从理论上讲，这种细胞可以发育成任何人体组织细胞。有朝一日，胚胎干细胞可以培育成再生组织，帮助修复脑细胞、神经、肾脏等受损的器官组织。如果干细胞与被克隆人自身的DNA相符合，将不会受到其身体排斥。因此，克隆人是可以实现的。

人到底能否被克隆出来？克隆对于人类来说是祸是福？至今仍是生物科学领域争论的焦点。

探索与发现
DISCOVERY & EXPLORATION

生活中常见的克隆现象

克隆并不神秘，当同卵双胞胎的遗传基因完全相同时，就可以说一个是另一个的克隆。生活中的克隆现象很多，例如，剪下一段柳枝进行扦插，形成许多遗传性状相同的植株，这就是一种克隆现象。

揭开病毒的神秘面纱

病毒到底是什么？
为什么病毒的破坏力那么大？

提起病毒，人们总是不寒而栗。病毒总是与疾病和死亡紧密联系在一起，它对生物体的破坏、摧毁能力简直骇人听闻。那么，病毒究竟是什么呢？

▲ 显微镜下的病菌

如果没有显微镜，人们很难想象，贻害无穷的病毒，只是地球上最简单、最微小的一类介于生命与非生命之间的生命物质。它的结构简单到只有核酸分子和蛋白质，甚至只有核酸或只有蛋白质。臭名昭著的疯牛病病毒就是一种只有蛋白质的物质，这种病毒甚至连基因都不存在，而一般的生命没有基因是无法进行繁殖的。但它又具有一般生命的特征，它可以在细胞内繁殖，使细胞病变、死亡。当病毒跑出细胞之外时，它不能复制，不能生长，而且没有任何生命活动，与非生命体毫无二致。但当它进入人体细胞后表现出来的疯狂与肆虐，却令人吃惊。

病毒入侵细胞后，便把自身的基因塞进宿主（能给病原体提供营养和场所的生物，包括人和动物）的细胞的DNA

◀ 病毒在细胞内繁殖，使细胞病变、死亡

你不可不知的科学之谜
INCREDIBLE MAGICAL MYSTERIES OF SCIENCE

中去，剥夺其基因物质，将它作为自身复制的原材料。病毒不断地给宿主细胞下命令，迫使其按指令复制出大量的病毒，最终泛滥的病毒将宿主细胞置于死地。

如此凶残的病毒到底从哪里来，这一直是生物进化上的难题。多年来，科学家苦苦探索病毒的起源与演化过程，但仍无突破性的进展。道理很简单，对于其他高级生物，人们可以找到它们的化石从而掌握一些重要线索。可是病毒的结构过于简单，它没有任何化石作证据，人们很难找到它的蛛丝马迹。另外，不同的病毒的活动方式也千差万别，即使是同一种病毒，在不同的生物个体内的表现也不尽相同。而且，入侵宿主细胞的，只是病毒的核酸部分，其蛋白质外壳被留在细胞外。因而对于病毒的真正起源，科学家只能依据病毒与细胞之间的相互作用，提出相关的假说，而无法确证其来源。

不过，关于病毒的起源，科学家们已经达成了以下共识：病毒的起源是复杂多样的，不同的病毒有着不同的起源。他们相信，随着研究的深入，会找到更多关于病毒起源与演化的证据。

▲ 感染了HIV的病人

▼ 奇特的病毒

探索与发现
DISCOVERY & EXPLORATION

最狡猾的病毒

在庞大的病毒家族中，最狡猾的莫过于HIV（艾滋病病毒）了。它有一流的适应环境的能力，能够充分榨取宿主身上的营养，长期与宿主共存。另外，HIV变化多端，能避开生物体内免疫系统的识别。

疾病之间会相克吗

世界上出现过哪些疾病相克的案例?
某些疾病之间的相克现象跟人体免疫系统有关吗?

中国古代的五行学说认为:"世间万物,相生相克。"古人相信,这种相生相克的关系可以解释事物之间的相互联系。最近,有人提出在疾病间也存在"相生相克"的现象。

▲ "生一次小病治一种大病"的设想可能实现吗?

人们总以为,一个人如果之前得了一种病,之后又得另一种病,雪上加霜,闹不好会一命呜呼,但事实上并不都是这样。1982年,美国有一位患了晚期胃癌的病人,因胃壁受细菌感染而突发高烧,病人几乎丧失了治疗的信心,消极地等待死神的降临。令人难以置信的是,不久后,该病人的烧退了,炎症消失了,胃癌也奇迹般地好了。无独有偶,几年后,法国有一患有低丙种球蛋白血症(一种罕见的免疫系统疾病)的男人,意外地感染了HIV。这真是天大的不幸!人们都以为,这名男子只有死路一条了。可是,奇迹发生了:在被HIV感染之后,这名男子的病情却日渐好转,最终身体免疫系统得到了恢复。类似这样疾病与疾病相

探索与发现

传染病

传染病是在人与人或人与动物的接触中通过呼吸、体液等途径传播的疾病。传染病是导致人们患病的主要原因,例如,吸入传染病人打喷嚏时带出的唾液颗粒就有可能被传染。

你不可不知的科学之谜
INCREDIBLE MAGICAL MYSTERIES OF SCIENCE

▲ 据说，患感冒多的人比极少患感冒的人更不容易得癌症

克的例子，在世界各地都有发生，这种现象也引起了医学家们的高度重视。

经过观察与研究，医学家们发现了许多疾病与疾病相克的现象，比如：每年患一到数次感冒的人比极少患感冒的人以及患有"帕金森氏症"的人更不容易得癌症；血癌患者如果又得了病毒性肝炎，其平均寿命反而比没有得病毒性肝炎的患者要长。难道说，疾病之间真的可以相克？

目前，科学家们还没找出一个确切的答案。不过，他们推测这种奇妙的相克现象可能与人体免疫系统有关。比如，就癌症来说，它能抑制体内的免疫系统，使之处于"休克"状态，然后乘机发展、扩散。要是人体又得了第二种疾病，就会解除免疫系统的"休克"状态，于是免疫系统就会对癌细胞发起进攻，可能"打败"癌细胞。不过，这些都只是推测。至于疾病之间到底会不会相克，如果会，又是什么原因导致的，这些都是科学家们正在努力解开的谜。如果攻克了这一难关，定能为治疗疾病，尤其是一些顽症、绝症提供新的思路。

▲ 科研人员正在研究疾病相克的现象

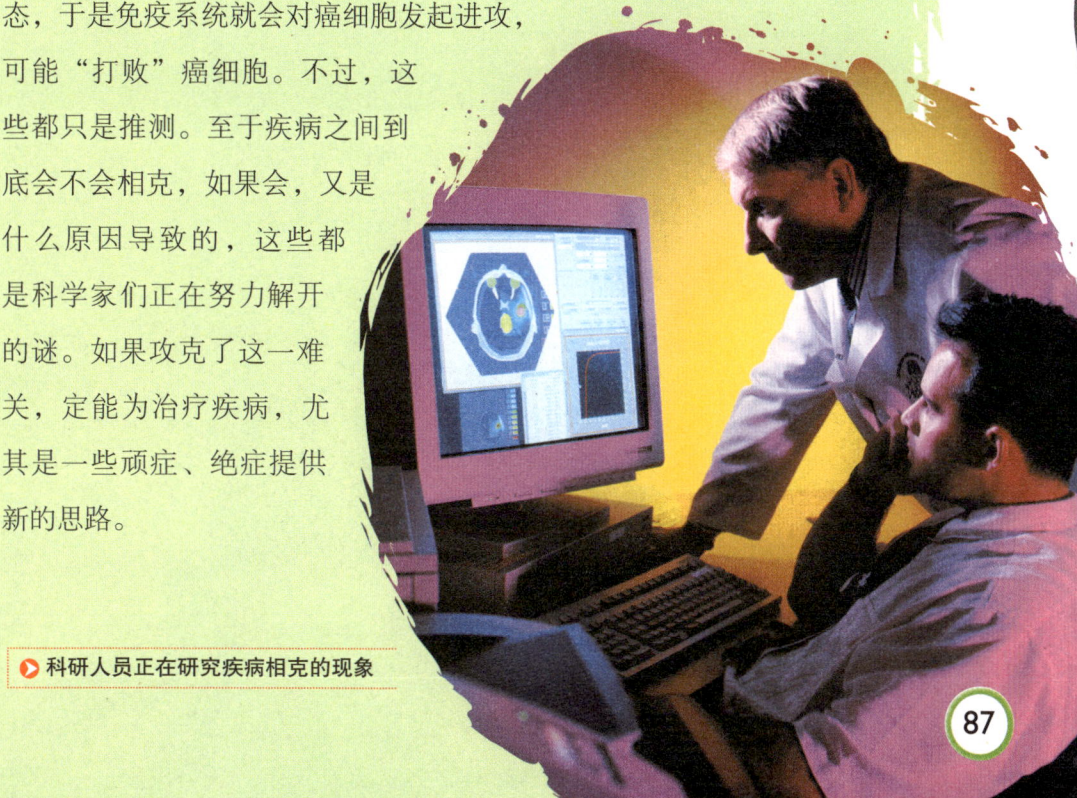

不可思议的催眠术

催眠术是科学吗？
应当如何解释催眠术？

提起催眠术，人们总感到不可思议。其实，催眠状态在日常生活中并不罕见。当一个人全神贯注于某一活动时，会由于精神的高度集中，而对周边环境中的事物一无所知。这种状态就属于催眠。

"催眠"的历史由来已久。在中国，医学著作《内经》中就有提及，而古代的"祝由术"、宗教中的一些仪式如"跳大神"等都含有催眠的成分，只不过当时多用于行骗，或是一种迷信活动。在欧美，也早就有人倾力研究催眠。18世纪，有一位名叫麦斯麦尔的奥地利医生就通过"催眠"的办法治疗一些病人。19世纪，一位名叫布雷德的苏格兰医生受该现象启发，首次对催眠现象作了科学的解释，他认为催眠是治疗者的暗示等引起的一种被动的、类似睡眠的状态。后来，在苏联生物学家巴甫洛夫等人的推动下，催眠逐渐

▼ 有些宗教仪式也含有催眠意味

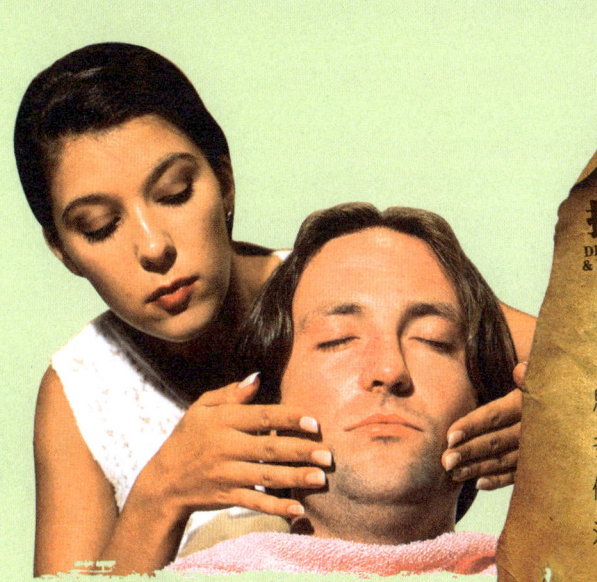

催眠与内啡肽

美国一些学者发现催眠术有一个不可思议的属性,即人在接受催眠时会分泌更多麻醉物——内啡肽,尤其是患者在接受催眠的过程中会分泌得更多,从而减轻了治愈过程中的痛苦。

▲ 心理医生正在对一名男子进行催眠

成了一门应用科学。

但是,尽管科学家已对催眠现象研究了150多年,但至今仍无法弄清楚其真谛。关于催眠术到底是怎么回事,下面有几种较有代表性的看法。

有些学者认为,催眠使受试者思维退化到某种非常幼稚的阶段,丧失了正常清醒时所具有的控制能力,从而落入一种原始的思维方式中,进而凭冲动行事并进行幻想。有些学者认为,催眠是受试者在诱导下过度配合地扮演了另一个角色。有的学者认为,催眠是意识的另一种状态,而不是角色扮演,因为即使最合作的受试者也不会同意在不给麻醉药的情况下进行手术。有些学者认为,催眠术打开了通向潜意识的大门。还有一些学者则干脆称之为伪科学。

尽管人们对催眠术持各种各样的看法,但有一点是不容置疑的:人处在催眠状态下最容易接受暗示,可以让他做出一些甚至最为暴戾的举动,因为在那个时候,人的大脑甚至身体都开始不由自主。相信随着科学的发展,人们会揭开催眠术的神秘面纱。

人体变石雕之谜

"石人综合征"的症状是什么？
活人为什么会变成石头？

有一种怪病，会让肌肉变骨头，人体变成石雕，这种怪病被称为"石人综合征"。英国诺森伯兰郡的罗伯特·金霍便是这样的不幸者。

金霍3岁时就被诊断患上了这种罕见的疾病。随着年龄的增长，他的身体正在慢慢地"石化"：颈部已经被逐渐定型不能再转动，膝盖也已被固定，无法再抬起和移动，双腿也成为两根坚硬的"石柱子"。最可怕的是，这种疾病不影响他的智力，因此金霍会在煎熬与痛苦中慢慢死亡。那么，为什么活人会变成石头？

近年来，美国科学家终于找到了"石人"形成的原因。原来，这种怪病名为"进行性肌肉骨化症"，是世界上最罕见的疾病之一。而导致这种病变的，是一个名为ACVR1的基因变异改变了原有的基因信息，导致骨骼形成和修复的信号紊乱，产生大量错误的蛋白质并使人"石化"。至于是什么原因造成了这种信号紊乱，怎样治疗这种疾病，专家们仍在研究之中。

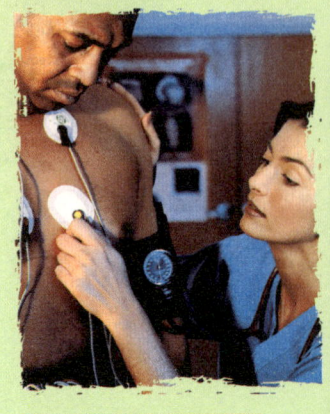

专家正在给一位"石人"做检查

难以想象，一个人会慢慢变成一尊石像

一个小小的基因就能让人体变成石雕

人体经络之谜

古代中医如何看待经络？
人体经络的本质是什么？

▲ 中国医学经典《黄帝内经》中有关于人体经络的记载

作为古老中国医学的一朵奇葩，经络学说在中医理论中占有特殊的地位，在世界医学界也久享盛誉。古代医学一般把经络看作运行血气的通道，是维系体表之间、内脏之间，以及体表与内脏之间的枢纽。那么，经络究竟是人体的什么结构，它的本质又是什么？对此，近代医学界主要有以下几种观点：

日本学者大久保适斋认为，经络活动是指植物神经活动，尤其是交感神经活动。新西兰大学的学者托马斯认为，经络是人体内的一种新的网状管道结构。我国学者孟昭威认为，经络传感速度介于神经和内分泌调节速度之间，是协调体表与内脏之间的未知系统。它与现代生理学中已知的神经系统和内分泌系统协作，共同完成全身平衡调节的功能。我国的薛崇成和美国的李宋宁等学者认为，经络系统并不是人体的特殊系统，而是大脑皮层中的循行性立体反射系统。

上述观点究竟哪一种更合理，还有待专家的研究。

◀ 经络是不是类似这样的网状管道结构？

▶ 针灸治疗是通过刺激人体经络而发挥调节作用的

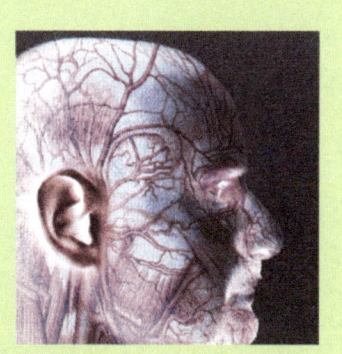

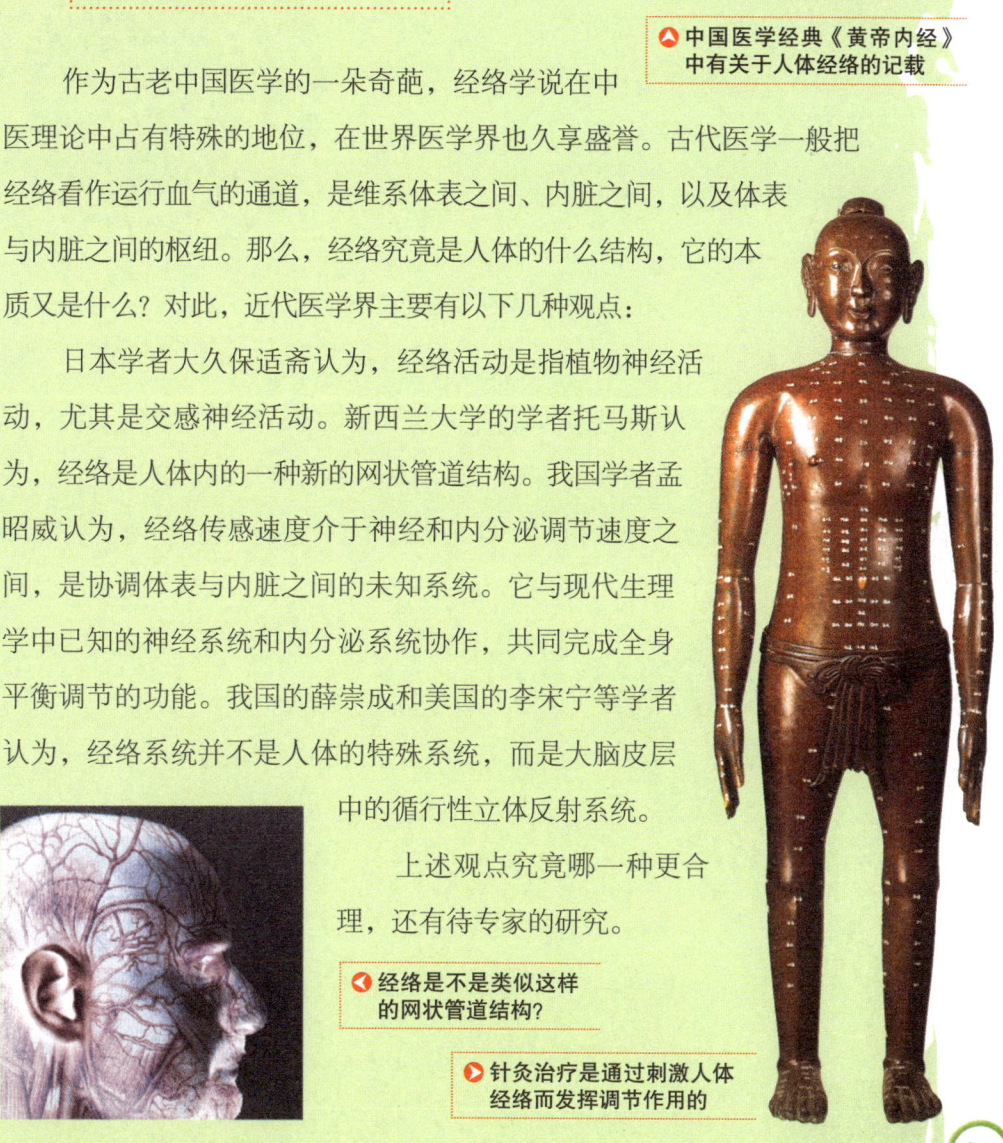

变化多端的HIV

为什么说HIV是善变的？
艾滋病可以治愈吗？

21世纪的今天，AIDS已经是一个家喻户晓的名词了。AIDS的医学全名为"获得性免疫缺陷综合征"，即艾滋病，是人体感染了HIV（艾滋病病毒）所导致的传染病。值得一提的是，HIV本身并不会引发任何疾病，只是会不断地破坏人体的免疫系统，使人体失去抵抗能力，最终因感染其他疾病而死亡。尤为可怕的是，HIV会终生传染。

HIV是人类遇到的最聪明和最具生存智慧的病毒之一，它不会很快引起人的死亡，因而人们对它一直疏于防范。相比各种来势汹汹的疾病，如SARS（非典型性肺炎）、禽流感等病毒，HIV无疑是极有"耐心"的，它在人体内的潜伏期甚至长达20年。

HIV的聪明还在于它的千变万化。它可以轻易避开人体强大的免疫系统的攻击，也可以躲避人类研制的各种药物与疫苗。HIV能使它的基因编码生成的蛋白质产生变化，以此迷惑人体内免疫系统的杀伤细胞，从而掩护自己。比如：在感染HIV的早期，人体免疫系统中的CTL（细胞毒T淋巴细胞）能够杀死被HIV感染

▲ HIV的结构示意图

◀ 显微镜下的HIV

的细胞并限制新的HIV的产生。但是由于HIV具有百变身手，所以使得CTL发挥的作用极其有限。最终，在狡猾多变的HIV面前，CTL也无能为力。

不仅如此，HIV的变化方式也令人防不胜防。比如，HIV有一种独特的TAT蛋白，它主要在被HIV感染的细胞中产生和显示出来，因而成为被CTL识别的标志。但是，HIV的自我保护功能极其强大，即使TAT蛋白的全部氨基酸中只有一个发生变异，HIV也会马上阻止它在受感染细胞表面显示出来，因而TAT难以被CTL捕捉到。拥有如此善变的"法宝"，无怪乎HIV可以躲避CTL的追踪，长期感染人的机体了。

目前，HIV已经成为人类真正意义上的劲敌。世界上每天有15000人感染HIV，AIDS成为全球最危险的疾病之一。仅2007年，全球就有210万人因AIDS丧生。遗憾的是，人类还没有找到有效识别HIV的办法，目前，我们能做的，只是积极地预防。

探索发现 与 DISCOVERY & EXPLORATION

HIV的传播

AIDS主要有三种传播方式：性传播、母婴传播、血液传播。我们日常的活动是不会传播HIV的，也就是说，人们相互间的握手、拥抱是不会传染HIV的。

▲ 人们之间的交谈、握手、浅吻等不会传染HIV

▷ HIV正在入侵人体细胞

少年探索发现系列
EXPLORATION READING FOR STUDENTS

AIDS究竟从何而来

AIDS来自灵长类动物吗？
人类真的是吃猴肉患上AIDS的吗？

1981年初，美国一名男性同性恋者患有多种感染并发现免疫功能被严重破坏，很快他因多种感染而死亡，后被诊断为AIDS，这是世界上第一例确诊为AIDS的病人。不久后，AIDS迅速蔓延到各大洲。那么，AIDS到底从何而来呢？

▲ 研究人员正在进行AIDS样本分析

关于AIDS的起源有很多传说。有人说这是第二次世界大战期间，德国或日本方面使用人工方法研究、制造出来的一种病毒，还有人说是上帝为了惩罚人类的性乱而投下的病毒。当然这些传说都缺乏证据，其实，AIDS起源于非洲。20世纪中期，有一个从森林中走出来的刚果土人，被邀请参与一项和血液传染病有关的研究。他的血液样本经化验后，便被冷藏了数十年。令人意料不到的是，数十年后，他的血液样本竟然成为解开AIDS来源的重要线索。

据说，这名土人是由于吃了患AIDS的猴子的肉而染病的。在此之前，人类并没有发现过这种人体免疫能力减退的病症，但是这种病在猴子身上曾经出现。在非洲，猴子肉常作为食物。一项大规

◀ 有些专家认为，AIDS是通过猴子传染给人类的

你不可不知的科学之谜
INCREDIBLE MAGICAL MYSTERIES OF SCIENCE

模的调查表明,西非一些国家市场上出售的猴子肉中,有相当一部分带有与HIV相似的SIV(猴免疫缺陷病毒),这意味着食用野生灵长动物有染上AIDS的危险。

不过,吃猴肉使人类患AIDS的理论也受到挑战。有专家认为,既然AIDS是通过体液传染的疾病,那么因吃病猴子肉而感染似乎不是直接途径。德国的一些科学家认为,厩螫蝇可能要对HIV入侵人类负责。他们认为,AIDS之所以会由猴子传到人身上,主要是由一种名叫厩螫蝇的昆虫引起的。这种飞蝇先是叮咬了患有AIDS的猴子,吸入有SIV的血,然后又叮咬了人,从而使人感染,最终引发AIDS。但也有些专家认为,说AIDS来自灵长类动物并没有直接证据,很有可能早在数百年前AIDS就已经与人类结缘了,只是没有被发现而已。

▲ 黑猩猩不会染上AIDS

AIDS究竟来自何处?是来自人类的近亲灵长类动物,还是人类特有的,有待科学家进一步考证。

▽ 有专家认为,AIDS起源于非洲

探索与发现
DISCOVERY & EXPLORATION

黑猩猩为何不会患AIDS

最新的研究成果表明,人类和黑猩猩虽然在基因结构上有近96%的地方相似,但两者间的主要不同在于大脑,而这种差异有可能是某些疾病(包括AIDS)只会影响人类,而不会波及到黑猩猩的原因。

梦中的灵感之谜

梦真的能给人启示吗?
梦中的灵感是怎样产生的?

人们发现,科学家、艺术家经常受到梦的启示。德国化学家凯库勒就是其中之一。他曾梦见碳原子和氢原子变幻着花样在眼前飞动,不一会儿,原子变成了戒指上的一条白蛇,那条蛇扭动着咬住自己的尾巴,又变成了一个环……醒后,他马上想起苯的结构,便提笔在纸上画了一个首尾相接的环状分子结构。苯分子为环状结构的理论就这样诞生了。除了凯库勒,还有很多科学家和艺术家从梦中得到过灵感。英国剑桥大学对许多创造性学者的工作进行过一次大型调查,结果表明,有70%的科学家从梦中得到过启示。

梦中的灵感到底是怎样出现的呢?这是个非常复杂而又非常有意思的问题,它深深地吸引着许多科学家的注意。

英国心理学家伊凡思认为,梦不是睡

◀ 有些人的梦中常出现奇异之景

◀ 艺术家常常从梦中得到灵感

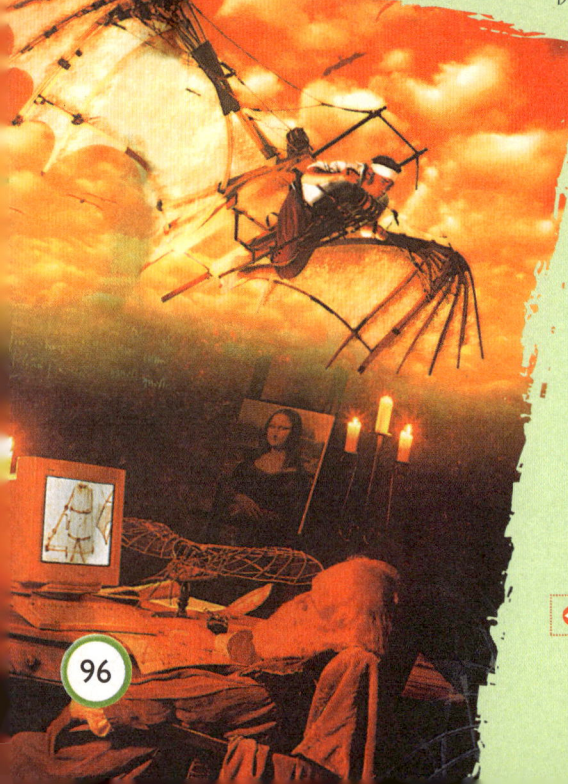

▲ 马丁尼克岛火山爆发时的情形　　　　▶ 火山的熔岩流

眠的副产品，而是睡眠的目的，是一种心理活动的过程。如果某个人在清醒时曾经对一个问题苦思冥想，进入梦境后，他的大脑并不会停止活动，而是仍在进行与白天不同的工作。这时，大脑既不发现信息也不接受信息，只忙于整理白天的记忆，把新数据和旧数据归并到一起，分拣出过时和无用的资料并抛弃掉，重新给各种知识加上标记，使将来需要提取时能方便省事。这其实就是科学家、艺术家们从梦中获得灵感的秘密。

还有科学家认为，梦是一种无意识思维。人在梦境中排除了外界的干扰，摒弃了逻辑思维和各种成见的束缚，在这种情况下，白天的思索在梦境中继续下去，豁然贯通并出现灵感的机会就比较大。

关于梦中的灵感，以上说法哪种更准确，仍有待于科学家进一步考证。

探索与发现 DISCOVERY & EXPLORATION

梦中预测火山爆发

据说，英国的飞行员兼航空工程师邓恩曾经做过一个离奇的梦，在梦中，他看到一座火山即将爆发。不久，英国报纸就报道了马丁尼克岛发生了一起火山爆发的灾难，火山爆发的情形和他梦中的情景非常相似。邓恩认为，自己的梦有预示作用。

灵感来自何方

什么是灵感？
灵感产生的过程是怎样的？

在学习中，我们如果碰上难题，经常苦思冥想而不得其解，但偶尔又会豁然开朗，我们说这是灵感来了。那灵感究竟来自何方呢？

▲ 灵感对于艺术创作很重要

灵感也称为"顿悟"，这个词最早由德国心理学家柯勒提出。随后，不少心理学家经过研究认为：我们在解决某些问题时容易形成一种固定的模式，一旦打破这种固有的模式，即可得到解决问题的方法，也就是说产生了灵感。

DNA双螺旋结构的发现者之一——英国科学家克里克曾经宣称他发现了意识的'灵魂细胞'在大脑中的位置，但一直没有找到明确的直接证据。中国科学院心理研究所研究员罗跃嘉、罗劲等人也用传统的谜语作实验材料，用事件相关脑电位和功能磁共振成像技术记录实验参加者的脑部活动。结果发现，事件相关脑电位与功能磁共振成像的结合是目前脑研究技术的"最佳组合"。这一发现为解开灵感产生之谜奠定了基础。不过，要真正找到灵感的来源，仍需科学家努力。

◀ 灵感一到，便会有"茅塞顿开"的感觉

人为什么会做梦

科学家如何解释梦产生的原因？
做梦能保护大脑吗？

做梦是人体一种正常的、必不可少的生理和心理现象。关于人为什么会做梦，主要有以下几种说法。

有些科学家提出"做梦是为了忘记"的理论。他们认为，人在一天的活动中有意或无意地接触到无数信息，必须通过做梦把这些信息释放掉一部分。有的科学家认为，做梦是保护睡眠的需要。因为人不停地产生愿望和欲望，这些愿望和欲望在梦中通过各种伪装和变形表现或释放出来，这就能够帮助人排除意识体系无法接受的那些愿望和欲望。有的科学家认为，梦是一种"反常睡眠"。还有一些科学家认为，梦是大脑调节中心平衡机体各种功能的结果，也是大脑健康发育和维持正常思维的需要。

以上几种说法，哪一种更准确，至今没有定论。

▷ 一些专家认为，做梦可以释放一部分信息

▷ 有些科学家认为，做梦是保护睡眠的需要

月亮会使人发疯吗

月亮是精神病的罪魁祸首吗？
为什么有人将精神病人发疯归罪于月亮？

有人说，精神病患者在月光下待的时间越长，精神就越不正常。月光也许是导致某些人行为异常的一个重要因素。

美国一个精神病收容所的研究人员曾在一份报告中说，在满月期间精神病患者情绪不稳定和行为紊乱的现象会加剧。而早在1970年，美国精神病学家莱伯就注意到，每当满月时，海潮高涨，当地的凶杀案就比平时增多。莱伯还向当地的警察局、新闻界和医院的精神病科发出警告：在即将到来的特大潮汐期间，人们的行为将产生普遍的紊乱。他认为，同地球表面覆盖有大量海水一样，人体重量的2/3以上是水分。所以月亮对人体中的液体就会像对海洋一样产生影响。这样，人体内也有了由月亮控制的生物潮汐。满月时，这种生物潮汐处于"高潮"，对人的行为影响处于"最强状态"，从而导致有些人行为反常，乃至发疯。

精神病真的是月亮引起的吗？其原理是否和莱伯所解释的一样呢？对此，科学界至今仍有争议。

▲ 满月和犯罪行为是否存在着一定的因果联系？

◀ 中国人认为月亮冰清玉洁，是美好团圆的象征。而在欧洲的传统文化中，月亮被当作乱人心智的妖魔

[第三章]

古代科技谜团

科技发展是社会进步的一条主线。人类创造的一个又一个科技奇迹,一次又一次地推动了社会的发展。公元前的齿轮计算机、巴格达的化学电池、古代的脑科手术、古代的"机器人"……在科技水平落后的古代,究竟是哪一只看不见的手,为人们指点迷津,创造出一个个科学奇迹呢?这些科学奇迹是外星人的作品,还是地球高级文明的智慧结晶呢?让我们一起去探寻。

少年探索发现系列
EXPLORATION READING FOR STUDENTS

神奇的**石头窗户**

爱尔兰古墓的石头窗户有什么用处？
原始人懂得天文知识吗？

19世纪末，在爱尔兰伯温河流域，人们发现了一座雄伟高大的古墓，里面埋葬着原始人类的遗骸。这是当时人类发现的世界上最为古老的建筑。

令人惊异的是，古墓完全由石头堆砌而成，在没有使用任何黏合技术的情况下，矗立了5000年却安然无恙。墓室最令人惊叹的是入口处上方敞开的一扇可以移动的石头窗户。每年冬至（一年中白天最短的一天），阳光都会从窗户慢慢射入墓室的最里端。这扇石头窗户有什么用呢？据考古学家推测，这里可能是原始人观测天象的地方，他们根据太阳光进入窗户后的变化情况来测定冬至、夏至等特殊的日子。几千年前的人们就懂得利用天文知识，真令人称奇。可是，这里的原始人类为什么能拥有如此先进的天文知识？他们是如何获取这些天文知识的呢？我们不得而知。

▲ 从远古时代起，人类就开始关注茫茫的太空了

◁ 古墓的入口处有一扇石头窗户

你不可不知的科学之谜
INCREDIBLE MAGICAL MYSTERIES OF SCIENCE

齿轮计算机之谜

古希腊人的齿轮计算机是怎么被发现的？
古希腊人的齿轮计算机是做什么用的？

1900年，希腊的一群海绵捕捞者在安提基特拉小岛附近的一艘沉船里，发现了一大堆青铜器和大理石雕像的碎片。经鉴定，这艘船大约是在公元前1世纪沉没的。令人意想不到的是，在清理沉船的过程中，考古学家找到了一些刻有希腊铭文的青铜碎片和一套完整的齿轮，有的齿轮上还刻着一些奇怪的文字。那么，这些齿轮有什么用呢？

1951年，耶鲁大学的一位教授经过反复研究，最终认定这是一台计算太阳和月亮运行的计算机。主轮转动一圈等于一个太阳年，较小的齿轮则显示太阳和月亮以及一些恒星的位置。这样看来，很可能早在公元前1世纪，古希腊人就已经使用齿轮计算机做天文实验了。果真如此吗？如果是，那么远古的希腊人为什么能够掌握如此高超的科学技术？这一切仍是谜。

▷ 世界上第一台计算机

▽ 海底的古代沉船

金属尸体之谜

金属尸体保存在哪里？
金属尸体是如何制作的？

在意大利那不勒斯市中心的一座古老的小教堂里，保留着几个世纪以前的两具金属尸体。

尸体为一男一女，呈站立姿势，他们的身上显露出一些器官和复杂的静脉与动脉血管。据说，这是由当时一位热爱科学的亲王指导制作的。为了获得逼真的效果，要向体内注射一种金属化的物质，使制作时尸体呈现出一种金属的质感。骨架是真实的，但上面的血管脉络是用一种铁丝以复杂的编织工艺仿制而成的。脉络上面还覆盖了红色和蓝色的蜂蜡，以区分静脉与动脉。

▲ 古人很早就仿造出了人类的血管脉络

人们一直想知道，这两具奇特的金属尸体究竟是如何制作的，这里面包含着什么样的医学知识？令人遗憾的是，这位亲王的医学知识并没有流传下来，据说他的儿子不能理解父亲的工作，就把相关的文字资料全都烧毁了，因而这个谜至今没有人能解开。

▼ 奇异的金属尸体一直存放在海滨城市那不勒斯的一座小教堂里

木乃伊制作之谜

> 木乃伊制作的过程是怎样的？
> 关于木乃伊制作还有什么谜题没解开？

一提到埃及，人们总会想到木乃伊。那么，木乃伊是如何制作的呢？

古埃及人对尸体进行防腐处理的方法有许多种，而在新王国时期所使用的方法最为复杂，效果也最好。要防止人体的内脏器官腐烂很不容易，所以他们干脆把这些器官从体内取出来，用棕油将腹腔和胸腔清理干净，再将脑壳内部清洗干净，并注入药物，然后缝合尸体。有时在缝合尸体之前还要添加一些沥青、松香等防腐物。再将尸体放进用于干燥的泡碱粉里，等尸体内的水分被吸干后，用河水冲洗尸体，再用亚麻布包起来，并在外面涂上树胶，木乃伊就制作完成了。

但是，如果在泡碱粉中放的时间太久，尸体就不利于定型，而木乃伊的双手总是交叉放在胸前再缠上白布的，因而对于埃及人是怎么处理好这两者之间的矛盾的，考古学家至今没弄明白。

◎ 用于存放木乃伊内脏的容器

◎ 木乃伊制作场景

破解印加人的奇谱

印加人的奇谱仅仅用于记录数据吗?
印加人是如何用奇谱统治臣民的?

秘鲁安第斯山脉的崇山峻岭上有座神秘的古城——马丘比丘,这里隐藏着消失了的印加帝国。据史料记载,印加帝国在15世纪末达到鼎盛时期,控制了南美洲的广大土地。1533年,随着西班牙的入侵,印加帝国在腥风血雨中消亡了。

印加人没有文字,却创造了一个独一无二的替代品——奇谱。目前发现的700个左右奇谱均由打结的棉制或羊毛制的绳子组成,染成多种颜色,有时包括几百股各种长度的绳子。这种神秘的绳结一般是在一根主绳上穿着上千根副绳。

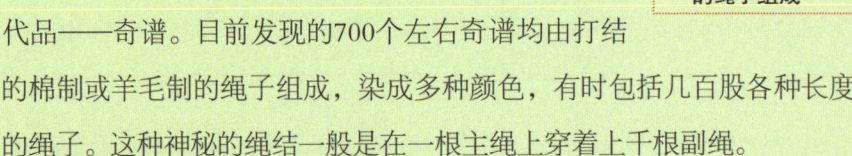

一直以来,科学家们对这些绳结困惑不已——大多数文明早期都使用象形文字或图像,然而印加人留下的却是棉线和绳结,难道印加帝国没有任何书写方式?如果这样,那么国家大量的数据信息是如何保存和传递的?

印加人利用绳子记录数据的

▲ 印加奇谱由打结的绳子组成

◀ 印加女人雕像

◀ 一般在绳结的主绳上穿着上千根副绳

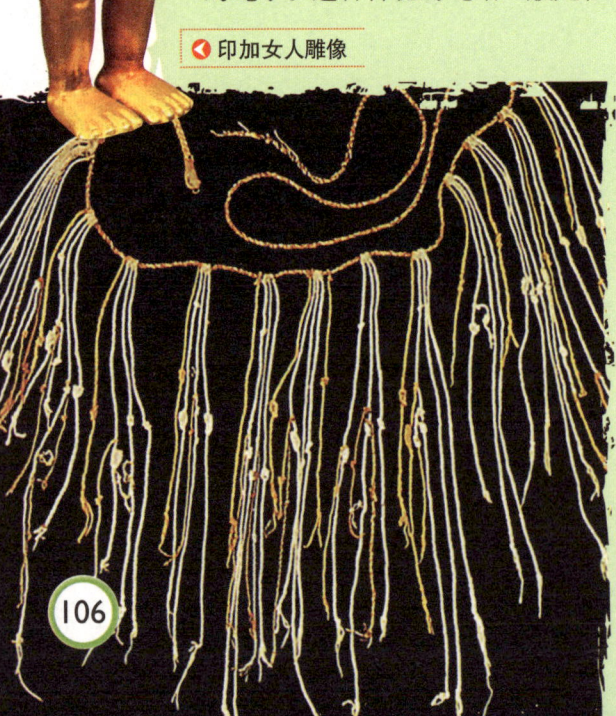

你不可不知的科学之谜
INCREDIBLE MAGICAL MYSTERIES OF SCIENCE

秘密，是在20世纪初由美国自然历史博物馆的考古学家L.里兰德·洛克破译出来的。洛克的研究表明，印加人对包括零在内的重要数学概念有着惊人的理解，所有的奇谱都有特殊的意义："结"代表一个以"十"为基础的十进位的计数体系，而"结"在绳子上的位置则表明它们的位数。例如，1705只羊驼，或者1705穗玉米，将会这样记录："千"的位置上打1个结，"百"的位置上打7个结，"十"的位置上没有打结，"个"的位置上打5个结。

洛克认为，奇谱不仅记录数据，它还是一种"会意文字"，同时也是印加帝国统治的理想工具。它将官方需要的各种统计数据编码，从某个月份某个提供劳役的男性劳力到国内每个粮仓存储的谷物，奇谱的内容无所不包，无所不能。

奇谱密码的破解对于了解当时强大的印加帝国来说，是一个极其重要的突破。但遗憾的是，目前还没有其他更令人信服的证据能证明奇谱的文字功能，也就无法解开奇谱的其他谜点。

▶ 印加男人雕像

▶ 神秘的马丘比丘

探索与发现
DISCOVERY & EXPLORATION

绳索网出的文字

美国历史学家玛西亚和罗伯特·阿舍通过对几百个奇谱进行分析后认为，奇谱的颜色、位置甚至绳结本身都极有可能代表着概念、事物和言语模式，例如：词组或一系列词组的重复等，而不仅仅是数字。

少年探索发现系列
EXPLORATION READING FOR STUDENTS

神秘的巴格达电池

巴格达电池有多少年的历史？
巴格达电池长什么样？

1936年，在伊拉克的首都巴格达，考古学家发掘出一口公元前200年的古代石棺。在这口石棺中，有一个陶制的粗口罐，吸引了所有考古学家的目光。

> 18世纪，科学家伏特发明了第一个电池

这个粗口罐看上去十分普通，怎么会同大量的金银珠宝一起作为陪葬品呢？考古学家们打开陶罐后，才发现里面盛满了沥青，沥青中有一根铜管，直径2.6厘米，高9厘米，铜管顶端有一层沥青绝缘体。更有趣的是，铜管中还插着一根铁棒，铁棒上面有明显被酸碱腐蚀过的痕迹。铁棒的下端长出铜管的底座3厘米，使铁棒与铜管隔开。整个装置看上去好像是一组化学仪器。

通过进一步研究，人们发现，这个陶罐与现代的干电池几乎完全相同！有专家还称，只要加上酸溶液或碱溶液，它就可以发出电来。2200多年前的巴格达人真的发明和使用了干电池吗？如果确实如此，为何同时代的文献中没有任何关于这一项科技成果的记载呢？这真让人困惑。

> 巴格达是古代文明的发源地，人们在这里发现了2200多年前的电池

冶炼技术之谜

瓦尔纳的史前墓葬是什么时期的?
考古学家在瓦尔纳的史前墓葬里发现了什么?

在世界古代文明史上,人们很少会提到保加利亚,但20世纪70年代的一项重大考古发现却将世人的目光引向了这里。

在保加利亚的瓦尔纳,考古学家发现了一个大约公元前3500年的史前墓葬。人们从墓穴中发掘了大量的青铜工艺品。这些青铜制品极其精美,让人不敢相信它们竟出自数千年前的工匠之手。不久,在保加利亚首都索非亚以东,人们又发现了大约4000年前的大型古代皇家墓地,出土了大约10件黄金饰品。

这些陪葬品的出土使人们相信,几千年前的保加利亚人就已经掌握了冶炼和铸造技术。也就是说,保加利亚的古代文明可以与古埃及、苏美尔等发达文明相媲美。可是,在生产力水平极为低下的原始时期,保加利亚人的祖先是如何获得这一技术的呢?是他们自己发明的,还是另有来源呢?这些谜团至今没有解开。

▲ 瓦尔纳的史前墓穴

▼ 现代冶炼

古代脑科手术之谜

> 为什么说原始人成功做过脑科手术?
> 原始人做脑科手术的工具可能是什么?

听起来简直不可思议:5000多年前的原始人曾经做过成功的脑科手术!

2001年6月,在山东大汶口文化遗址上,考古学家在一个原始人类的头骨化石上发现了三个小型的椭圆形穿孔,孔的周围有明显的刮削及骨组织修复的痕迹。这表明,5000多年前的这位古人可能接受过开颅手术,并且在手术后还活了一段时间。这块头骨化石竟然是原始人做的一次成功的开颅手术的实证!

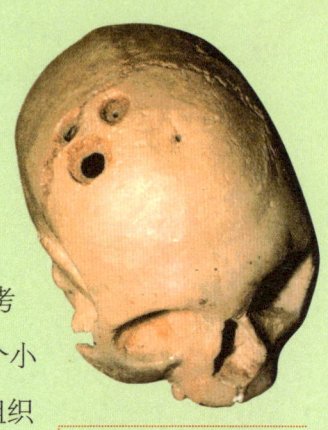

▲ 原始人类头骨化石上的脑科手术的痕迹

没有任何资料告诉我们,这位古人为什么要接受开颅手术,又是谁为他实施这次手术。但我们知道,在5000多年前的大汶口文化时期,人们还没有发明金属器具,日常使用的大都是磨制的石器。那要磨得多么锋利,才能够完成这次手术啊!另外,他们采用了什么样的技术来测定颅腔内的病变情况呢?又是如何做到成功止血、防止感染的呢?这一切都不得而知。

▶ 原始人可能是用这样的磨制石刀完成这次手术的

◀ 在大汶口文化遗址,除了发掘出头骨化石等文物外,还出土了不少彩陶制品

"河图洛书"的奥秘

> "河图洛书"是数字迷宫幻方图吗？
> "河图洛书"有什么象征意义？

"河图洛书"是有关中国古代文明起源的著名传说。相传，在伏羲氏时代，有一天，河中跃出一匹龙马，身上背着"河图"，伏羲就依据此图创立了八卦。在大禹时代，洛水中浮出了一只神龟，背上驮着"洛书"，大禹依据它创立了"洪范九畴"。

▷ 传说，一只乌龟将"洛书"送给大禹

至于"河图"与"洛书"到底是什么样的，史籍中没有绘图，也没有具体的文字说明。今天我们看到的用黑白圆点表示的"河图洛书"出自宋代，据说是北宋初年著名道士陈抟绘制的。

有人认为，"河图洛书"可能是上古时代的数字迷宫幻方图。也有人认为，由于数字在中国古代除了计数外还有更深刻的含义，比如"五"代表五行，"六"代表上下四方，因此"河图洛书"可能是对于宇宙万物秩序的一种形象化的哲学解释。例如，其中白点象征天数，黑点象征地数，中央十字则象征着统治者。引发人们无限遐想的"河图洛书"到底包含什么秘密呢？专家仍在研究之中。

▷ 传说中根据"河图"创立八卦图的伏羲氏

少年探索发现系列
EXPLORATION READING FOR STUDENTS

车是黄帝发明的吗

> 我国何时开始出现了车？
> 车是谁发明的？

车的出现，给人类的生活带来了极大的便利。我国很早就有车，出土的殷商时期的甲骨文中已经有了"车"字。在商、周时代，车辆的制造已经十分先进了。据春秋末年齐国的《考工记》记载，当时车辆制造已经有了专门的分工，除了所谓的"车人"外，还有专门造轮子的"轮人"，专门制造车厢的"舆人"等。那么，是谁发明了车呢？

有人认为，车是黄帝发明的，理由是黄帝名叫"轩辕"。"轩"就是小车的一根曲辕，而"辕"就是大车的两根直辕，黄帝的名字就源于造车。另外，传说黄帝大战蚩尤时，正是靠着他发明的指南车才冲出了蚩尤布下的"浓雾"。还有人认为，车是黄帝的后裔奚仲造的，因为奚仲是夏禹的"车正"，即主管造车的官员。究竟哪一种说法更可信，至今仍是个谜。

▼ 黄帝大战蚩尤时的场景

古代"机器人"之谜

古代的"机器人"会做什么?
古代"机器人"的制作工艺流传下来了吗?

说到机器人,大家都知道那是现代科技的结晶,如果有人告诉你公元前900多年中国就发明了"机器人",你肯定会觉得很奇怪。

> 这是现代机器人,古代的"机器人"是什么样的呢?

据《列子·汤问》记载,周朝时,周穆王去西巡,途中有一个名叫偃师的巧匠献上一个"机器人"。这个"机器人"不但能歌善舞,而且还能用眼睛和周穆王左右的侍女交流。周穆王看后非常高兴,就命侍官将"机器人"送回宫中珍藏起来。另外,据说三国时的马钧也曾制作过一个叫"百戏"的"机器人"。"百戏"由木材做成,以水为动力,能够做出击鼓吹箫、攀绳倒立、跳舞抛剑等动作。听起来够神奇的吧?可惜由于年代久远,这些古代"机器人"的制作工艺、详细的动力配备等资料都失传了。古代"机器人"的种种谜团,只能留待专家一一破解了。

◁ 巧匠马钧

难解的地动仪之谜

> 地动仪能预报地震灾情吗？
> 地动仪是依据什么原理制作的？

东汉时，张衡发明了测量地震方位的地动仪。地动仪的中央立着一根铜柱，柱子周围有八条龙，按东、南、西、北、东南、西南、东北、西北八个方向布列。每条龙的嘴里都衔有一个铜球。地上有八只蟾蜍，张着嘴，分别对着八个龙头。当某个地方发生地震时，朝向地震方向的龙头就会张开嘴吐出铜球，落到蟾蜍的嘴里。地动仪真能准确预测地震的发生吗？

▲ 发明地动仪的张衡

有一次，一个朝向陇西的龙头突然吐出了铜球，可是身处京城的人们丝毫没有发现地震的迹象，于是有人说张衡的地动仪不灵验。但几天后陇西有人来报，说那里发生了地震，人们这才相信地动仪的准确性。那么，地动仪是依据什么原理工作的呢？

有人认为，地动仪的工作原理是一个"倒立摆"，即一个尖脚棒槌直立在那里，哪个方向发生地震，它就会倒向哪个方向。但有人提出，整个地动仪又高又重，如此轻盈无根的倒立摆怎么会有足够的灵敏度反映地震呢？由于地动仪早已失传，它的制作原理也就成了一个千古之谜。

◀ 张衡发明的地动仪复原图

祖冲之计算圆周率之谜

祖冲之算出的圆周率是多少？
祖冲之是如何精确地计算出圆周率的？

祖冲之是我国南北朝时期杰出的数学家、天文学家。他计算出圆周率在3.1415926和3.1415927之间，这在当时的世界上是非常先进的。直到900多年后，阿拉伯数学家阿尔·卡西和16世纪的法国数学家维叶特采用了新的方法，计算出圆周率小数点后的精确值超过8位，才打破了祖冲之的纪录。

祖冲之这一成就是如何获得的呢？有人认为，祖冲之是按照魏晋数学家刘徽的割圆术，设了一个直径为一丈的圆，在圆内切割计算的。也有人认为，祖冲之使用的是连分数法，因为求两个自然数的最大公约数的"更相减损术"远在《九章算术》成书时就已流行，所以借助这一方法计算圆周率应该是比较自然的。以上说法都有一定的道理，但祖冲之到底采取了哪一种算法，至今仍是个谜。

◁ 祖冲之雕像

◁ 祖冲之正在计算圆周率

指南针的身世谜团

指南针的"始祖"究竟是"谁"?
指南鱼是什么样的指南器?

指南针是中国古代四大发明之一。它的制作原理简单,结构也不复杂,但如果你对它的"家世"稍感兴趣的话,就会发现关于它有许许多多谜团。例如,它的"始祖"是谁?产生于何时?最初的样式如何?

▲ "司南"模型

有人根据《韩非子·有度篇》中的"故先王立司南,以端朝夕"推断,最早的磁指南器是战国时期的司南,并依据《论衡·是应篇》中的"司南之杓,投之于地,其柢指南"等记载,考证出司南是用天然磁石琢成的勺形。它的勺底呈球状,将其南极磨成勺子的长柄,然后放在地盘上。盘的四周刻着"八干(甲、乙、丙、丁、庚、辛、壬、癸)""十二支(子、丑、寅、卯、辰、巳、午、未、申、酉、戌、亥)""四维(乾、坤、巽、艮)"二十四个方位。盘子中央有直径5～10厘米磨得很光滑的用来放勺的地方。使用时,将勺轻拨,使之转动,等勺停下来时,它的长柄便会指向南方。

▲ 指南车

但有些学者对以上说法提出质疑。他们认为,既然提到"先王立司南",这个"先王"到底是指哪一代的先王呢?另外,天然磁石的磁性原本就不强,很难想象经琢磨震动后还能指南。同时,当时的人很难确定磁石的南北极,而如果不按南北极方向制勺,则勺

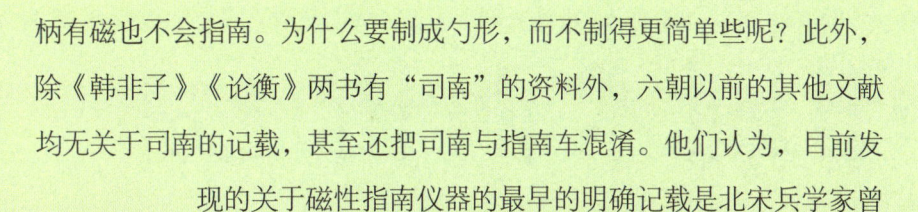

柄有磁也不会指南。为什么要制成勺形，而不制得更简单些呢？此外，除《韩非子》《论衡》两书有"司南"的资料外，六朝以前的其他文献均无关于司南的记载，甚至还把司南与指南车混淆。他们认为，目前发现的关于磁性指南仪器的最早的明确记载是北宋兵学家曾公亮在《武经总要》一书中提到的"指南鱼"。这是一种用薄铁叶剪成的长约6厘米的鱼形物，鱼的肚皮部分凹下去一些，使它可以像小船一样浮在水面上。人们通过火、磁化等手段使鱼形物具备了磁性。他们还认为，使用指南鱼比使用司南要方便。而且，由于液体的摩擦力比固体小，转动起来比较灵活，所以它比司南更灵敏，更准确。

无论是"司南"说，还是"指南鱼"说，都各有各的道理。究竟孰是孰非呢？我们不得而知。

▶ 古老的罗盘

◀ 古代航海离不开罗盘

探索发现
DISCOVERY & EXPLORATION

罗盘

古代航海中，要确定方向，除了指南针之外，还需要方位盘配合。最初使用指南针时，可能没有固定的方位盘，随着测方位的需要，出现了集磁针和方位盘于一体的罗盘。此后，磁罗盘成为历史上最重要的航海装置。

印刷术西传之谜

> 印刷术是如何西传的?
> 欧洲在什么时候才兴起印刷术?

印刷术发明后,逐渐由中国向国外传播,首先是朝鲜、日本和东南亚诸国,之后又通过伊朗、埃及传到欧洲。中国在7世纪时已经发明了印刷术,而欧洲正式使用印刷术是在14世纪末,时间间隔长达800年之久,足见西传道路之曲折。那么,印刷术是如何西传的呢?

有人认为,印刷术西传是由回纥人(维吾尔族人的祖先)完成的。因为9世纪时回纥人居住在甘肃、新疆一带,当时那里正好是中西交通的枢纽。另外,考古学家在吐鲁番的古代遗迹中,发现了大量的印刷品残页和碎片。这些印刷遗物表明,约在13~14世纪,回纥人的印刷工业就相当发达了,而回纥人的印刷技术又源于宋朝和元朝。因为在20世纪初,考古学家在敦煌千佛洞发现的回纥人的木活字,是世界上现存最早的活字,而这完全是按元代的木活字版工艺技术制造的。这说明回纥人也曾大量印刷书籍,随着书籍的流传,他们将印刷术传到了中东、埃及,再传到了欧洲。

◀ 活字印刷术的发明者毕昇

泥活字版

有人认为，是十字军东征把中国的印刷品如纸牌、版画陆续带到了欧洲。欧洲一位学者曾经说："欧洲雕版书的印刷方法也一定是严格按照中国的样品复制的，把这些样品书带到欧洲来的是早期去过中国的人。"

有人认为，元朝初年，由于连年战争，蒙古大军横扫欧亚大陆，同时也把蒙汉文化带到了波斯（今伊朗）一带。这以后，波斯逐渐成为东西文化交流的通道。但是由于宗教的原因，波斯的印刷业没有得到很好的发展。

探索与发现
DISCOVERY & EXPLORATION

写韵刻字法与转轮排字法

由元代农学家王祯发明。写韵刻字法就是根据汉字的音韵、声调分类雕刻木活字并归类存放。转轮排字法是把木活字按韵排列在两个木制转轮上，人坐在中间排字。王祯的发明大大提高了印刷速度。

还有人认为，大约在13～14世纪，蒙古人曾经进攻过俄罗斯，印刷术可能就在此时传入俄罗斯，再由俄罗斯传到欧洲。其根据是俄罗斯的货币中有印着颜色的皮革和皮币，这无疑是参照蒙古人的纸币而印制的。

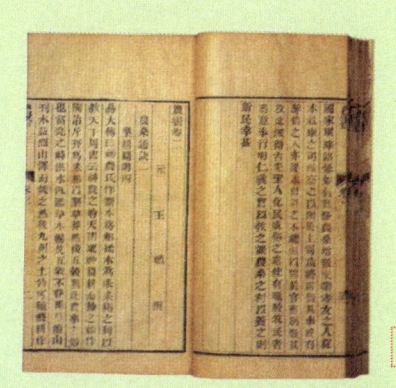

中国印刷术到底是如何西传的，至今仍然众说纷纭，我们只能期待更多的发现与考证。

◀ 王祯用写韵刻字法印刷的《农书》

古代麻醉药之谜

麻沸散是谁发明的?
古人是用什么制成麻沸散的?

早在东汉末期,名医华佗就创制了一种神奇的麻醉药——麻沸散。据《三国志》记载,在一次腹部手术中,华佗使用麻沸散对病人进行全身麻醉,使手术取得了成功。这是人类文化史上最早的腹部手术记载。试想,当时的病人在外科大手术前,只要服用一些药剂,就不必遭受手术带来的巨大疼痛,多么神奇啊!即使用现代医学的眼光看,这也是一件了不起的事情。可惜的是,由于书上没有记载麻沸散的配方,所以关于它的药物组成,至今众说纷纭。

△ 医学名著《本草纲目》中对曼陀罗花的药性有详细的说明

△ 名医华佗

有人认为,麻沸散主要由曼陀罗花制成,宋元时期很多中医常用曼陀罗花作麻醉药。曼陀罗花含有一种特殊的碱性物质,这种碱性物质具有麻醉作用。直到现代,制作麻醉药物时,还会用到曼陀罗花。但是,研究发现,以曼陀罗花为主药制成的麻醉药又存在麻醉不够深的问题。

有人认为,麻沸散的配方是当

◁ 古代装麻沸散等药的柜子

古代大夫用的铜盆

归、茉莉花根、石菖蒲。但一般认为这是清代"换皮麻药"的配方，而非麻沸散的配方。

有人认为，麻沸散是中国人比较忌讳的大麻。之所以叫麻沸散，和大麻的临床应用有关。因为大麻富含纤维素，一般难以消化，只有在煮沸的情况下，它的有效成分——大名鼎鼎的THC（四氢大麻酚）才可以释放出来，被消化吸收。麻沸散的效力，只有吃下去才能体现。但是由于人们很难接受吃叶子发麻的大麻叶，加上这类药物非常敏感等原因，以致麻沸散的配方逐渐失传。

还有人认为，麻沸散的主药是莨菪子。在《神农本草经》中有这样的记载：多食莨菪子会使人"狂走"。莨菪子是莨菪的种子，"狂走"是由于服了一定量的莨菪子之后被麻醉了，接着出现了神智错乱的现象。而莨菪子的主要成分之一东莨菪碱具有镇静、镇痛的作用，应用较大剂量后，可产生催眠作用。

以上关于麻沸散配方的说法，到底哪一种更科学，仍有待科学家进一步研究。

> 曼陀罗花含有一种具有麻醉作用的碱性物质，可以用来制成麻醉药

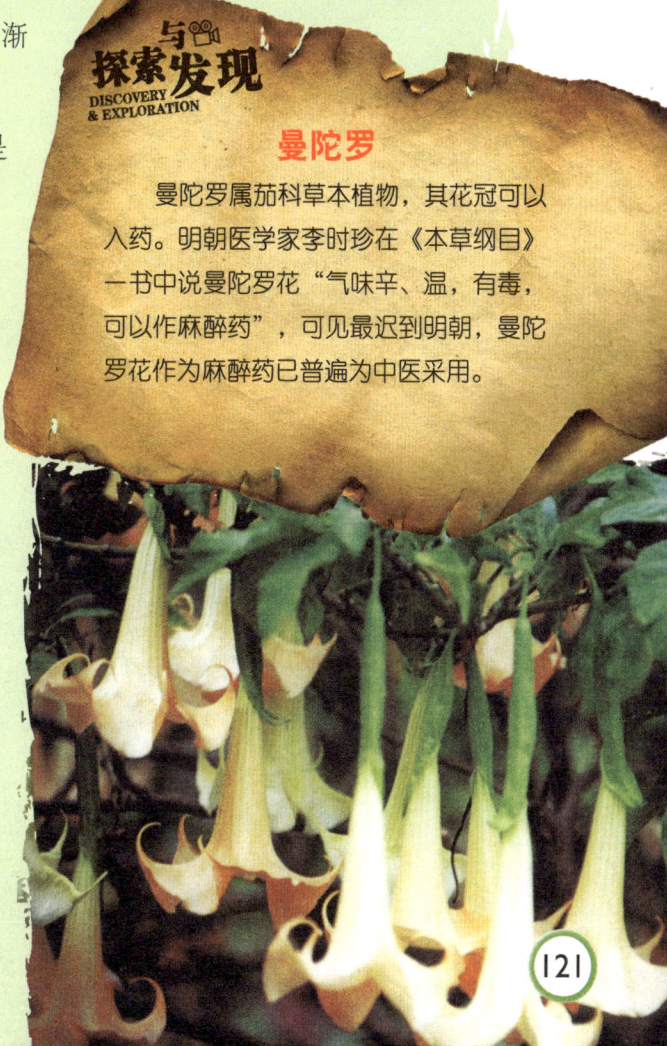

探索发现
DISCOVERY & EXPLORATION

曼陀罗

曼陀罗属茄科草本植物，其花冠可以入药。明朝医学家李时珍在《本草纲目》一书中说曼陀罗花"气味辛、温，有毒，可以作麻醉药"，可见最迟到明朝，曼陀罗花作为麻醉药已普遍为中医采用。

木牛流马到底是什么

诸葛亮的木牛流马真的存在吗？
木牛流马是独轮车吗？

蜀相诸葛亮晚年曾多次率军出祁山，北伐曹魏，但每次都无功而返，他本人也病卒于北伐途中。"出师未捷身先死"，成为诸葛亮终生的遗憾，但他在北伐途中发明的木牛流马千百年来却一直为人们津津乐道。

▲ 古代战车模型

从史书所载的关于木牛流马的相关资料来看，木牛流马应该确有其物。因为没有任何实物或图片流传下来，后人难以复制，也就无法窥测其中的奥妙与玄机了。目前，多数史书都笼统地说，木牛流马是诸葛亮

▼ 在如此艰险的蜀道上行驶的木牛流马到底是什么样的？

发明的一种运输工具。那么，它到底是一种什么样的运输工具呢？

据史书记载，木牛流马"方腹曲头，一脚四足，头入领中，舌着于腹，载多而行少，独行者数十里，群行者二十里……"因此，大部分学者认为，诸葛亮的木牛流马实际上就是如今在四川仍大量存在的四轮车与独轮车。诸葛亮北伐曹魏，所需粮草从遥远的川西平原运到秦陇地区，沿途既有平原，也有山地，艰险崎岖。另外，蜀汉偏处西南一隅，人力马匹都很有限。为了与北方曹魏的骑兵抗衡，大多数马匹都被用于作战，运输粮草大多要靠人力，而以人工为主的木牛流马恰恰弥补了这一缺陷，故而被蜀军大规模地使用。

对上述看法持有疑问的人指出，独轮车、四轮车的机械原理十分简单，而且独轮车在此之前就已存在了，诸葛亮只不过是"沿用"而已，为何史书会大书特书呢？为了证明木牛流马的存在，新疆的一位工程师还做成了三件木牛流马，每一件都是一架四足步行机，手扶后边的双辕就能使之迈步行走。美中不足的是，这些木牛流马都不具备负重功能，行李一压，就走不动了。而诸葛亮的木牛流马在北伐途中肩负着重要的运载任务，负重行走是必需的。因而，诸葛亮的木牛流马究竟是什么样的，至今仍然是一个谜。

▶ 诸葛亮

探索与发现

鲁班造的木车马

其实，木牛流马最早可追溯到春秋末期。据东汉学者王充在《论衡》中记载，鲁国木匠鲁班手艺巧夺天工，他做的木马会跑，木鸟会飞。他曾经为母亲制作过一台木车马，这辆木车马装备了许多机关。

莺莺塔的蛙音之谜

> 莺莺塔有什么奇异之处？
> 莺莺塔的蛙声是怎么形成的？

我们的祖先有着非凡的创造力和智慧，建造出许多奇特的建筑，如能听到巨大回音的天坛、能发出悦耳动听乐音的清东陵石桥……山西省永济市普救寺的莺莺塔也是其中之一。

莺莺塔的得名跟《西厢记》有关

莺莺塔建于武则天时期，原名舍利塔，因元代王实甫的《西厢记》中张生巧会崔莺莺的地方就在此，于是人们改称其为"莺莺塔"。此塔毁于明代嘉靖三十四年（1555年）的运城地震中，重建时将原来的7层改为13层，高50米。在离塔基15米高处有块蛙声石，人们以石叩击，即可听见塔上发出"咯哇咯哇"之声，人们称之为"普救蟾声"。据说，这种蛙音在运城地震前的原塔里就有，长期以来令人不解。那么，塔内的蛙音从何而来呢？

有人认为，莺莺塔地势较高，周围地形开阔，塔内中空，便于接受远处声波，因而产生蛙音。一些专家在对塔进

除莺莺塔外，山西还有著名的太原双塔

行修复时,还发掘到明清两代的基址。考察结果表明:由于水土流失和沧桑变化,清代修葺时将寺宇东移,普救寺西部只留下佛塔一座;后来寺宇破败,香火冷落,僧侣四散,加上大佛殿又毁于火灾,这样就具备了形成蛙音的环境和条件。

也有人认为,由于每层塔檐用砖的数量不同,砖檐便呈环状面,可使声音向同一方向反射,因而将击石声"聚焦",形成蛙音。

△ 我们常听见的蛙鸣来自青蛙,而莺莺塔的蛙音来自何方?

还有人认为,塔身由釉面青砖砌成,涂釉材料的反射系数高,致使声波反射并谐振,从而发出蛙音。

以上说法虽各有道理,但要达成一个统一的认识,还需进一步的探索。不论蛙音的形成是否出自事先的精确设计,没有精湛的建筑技术和特定的条件,这样的奇迹是不可能出现的。国内外人士对莺莺塔的蛙声越来越感兴趣,希望揭开其中的奥秘,作为现代建筑的借鉴。

△ 法国巴黎

探索发现
DISCOVERY & EXPLORATION

音乐亭子

音乐亭子位于法国巴黎,它精美小巧,造型典雅。当游人步入亭内,用脚踩踏不同的地面时,会听到美妙动听的音乐。假如游人按一定的曲谱来回踩跳,还能听到动听的曲子。

天坛回音壁之谜

> 天坛回音壁有什么奇特之处？
> 天坛回音壁为什么会产生回音？

天坛位于北京永定门内东侧，始建于明朝永乐十八年（1420年），为明、清两代皇帝祭天、祈祷五谷丰登之所。坛内主要建筑有祈年殿、皇穹宇和圜丘坛等。圜丘坛是一个三层的露天白石圆坛，其周围有双重围墙，墙面光滑，外方内圆。如果游人站在石坛上层中心的太极石上说话，可以听到墙壁处有很大的回音，似乎有一股巨大的声浪从四面八方涌来，有一呼百应之感，因而此墙被称为"回音壁"。怎么解释这种现象呢？

有人推测，圜丘坛的回音现象源于台面的特殊结构。其中心（太极石）较高，四周则向下倾斜，整个台面不是一个水平面，栏杆与平台面形成的交角也小于90°。因此，人站在太极石上发声，声音向四方扩散，到达四周围墙时反射回来，都向太极石所在的中心位置汇集。因而，人在发声之后，听起来感觉特别响亮，而且持续时间较长。但这种推测是否合理，还有待研究。

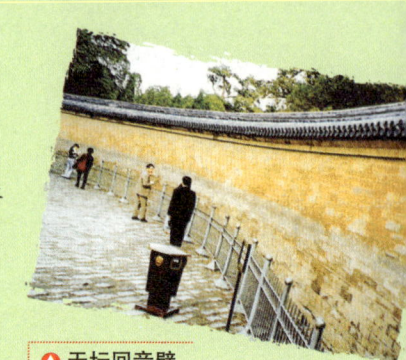

△ 天坛回音壁

▽ 圜丘坛的回音现象可能源于台面的特殊结构

五音桥的奇妙乐音

五音桥是怎么得名的?
五音桥为什么能发出奇妙的乐音?

河北省遵化市西北的清东陵内建有石桥百余座,其中有一座七孔五音桥最大、最奇特、最神秘。此桥全长110米,宽9米,两侧有石块126块,形状及大小相同。如果轻轻敲击桥上的栏板,桥就会发出各种悦耳的声音,这些声音包罗了我国古代声乐中的徵、羽、宫、商、角五音,所以被称为"五音桥"。那么,五音桥为何会发出如此美妙的乐音呢?

有人说,这是因为造桥时用了非常独特的石料。除了全部桥身用汉白玉石材拱砌之外,能发出音响的栏板,全由洁白、细腻的方解石雕刻而成,这种石材约含有50%的铁质,因此轻轻敲击,就可发出悦耳的金属声音。还有人说,乐音是当时的工匠在建桥时根据我国古乐中的五个音阶的区分,运用特殊的工艺处理而形成的。到底哪一种说法更合理,仍需要专家进一步研究。

▲ 在古琴中,有徵、羽、宫、商、角五个音,而敲击五音桥时,也会发出这五个音

▼ 五音桥在清东陵内

"日月争辉"之谜

> "日月争辉"景观"奇"在何处?
> 为什么在避暑山庄白天也能看到月亮?

承德避暑山庄是清王朝修建的行宫。山庄内有众多妙趣横生的景点,其中最奇妙的要数"日月争辉"奇景了。在避暑山庄的文津阁前有一池清水,池后有假山,假山中有石洞。在艳阳高照的白天,游人可以同时在水池中看到一弯新月和一轮红日。200多年前的古代工匠们,是如何做到在水中造月,令日月争辉的呢?

有人认为,这是当时的巧匠在建造文津阁的假山、水池时,在假山朝阳的一面,砌筑了一个下弦月形的石孔,当阳光射向假山时,便有一束光线通过月牙形石孔射向水面,而水面又将光束反射出来。按照反射原理,当游人注目于反射角所处位置时,都可见到一弯上弦月反射到水面上,并与倒映于水中的日影相映争辉。以上只是一种推测,至于"日月争辉"究竟是怎样形成的,至今仍然是个谜。

▲ "日月争辉"景观就在文津阁前

◀ "日月争辉"是承德避暑山庄内著名的景点

[第四章]

追踪科技前沿

如果说我们对世界的已知是圆内部分,那么我们对世界的未知就是圆外部分。现代科技发展日新月异,我们的圆也随之不断扩大,但随着这个圆越来越大,我们接触到的未解之谜也越来越多。机器人能取代人类吗?"太阳脉动"能实现吗?纳米技术能攻克癌症吗?……或许,在不久的将来,我们现在无法解开的谜,将被一一破解。

神秘的怪坡

怪坡"怪"在何处？
怪坡现象是怎么形成的？

我国沈阳、韩国济州岛、美国犹他州等地都发现了"怪坡"，这些怪坡有着相同的特点：汽车下坡须加大油门，而上坡时即使熄火也可以到达坡顶；骑自行车时，下坡要使劲蹬，上坡却要握紧车闸；人们在坡上行走，也是下来费劲，上去省力。这是怎么回事呢？

▲ 图中用栏杆围住的就是大名鼎鼎的沈阳怪坡

有人推测在怪坡西侧有一个磁场或引力场，其磁力之大，足以吸引各种车辆和行人轻松西行。遗憾的是，至今没有人能够探测到磁场产生的确切地点及强度。以著名物理学家李政道为首的一些科学家对此持否定态度，他们曾带着大小两个篮球和铁球到怪坡测试，结果发现，两个球体都向坡上滚动，因而磁场作用的说法是站不住脚的。

有人认为，这是由于某种原因导致重力场上的某个或某几个点分布异常而形成的。

◀ 大自然中违背常理的现象很多，除了怪坡现象，有的地方还有"水往高处流"的奇异景观

地球上的物体都受到地心引力的作用,但怪坡上的物体会自行向坡上移动则完全不同于一般的力学情况。但有人质疑:为什么产生这种现象的范围只局限于这条长七十多米的坡路?为什么怪坡附近没有发生这种现象?

还有人认为,这是一种视觉误差,这个感觉是下坡路的怪坡,其主体部分实际上仍是一段上坡路,不过比它前后两段上坡路的坡度平缓得多。另外,怪坡处在两段陡坡之间,从一端往前看,迎面是山;从另一端往后看,落在视野中的是路面和天空的交界线,加上四周全是倾斜的山坡,找不到一个可以作为基准的水平面,这就很容易引起视觉上的误差。但是,测量发现,怪坡的坡度约为1.87°,而两侧的海拔高度落差为1.2米,实际证明这不是视觉误差。

种种说法都无法给怪坡现象的成因以准确的定论,我们期待科学家进一步的研究。

> 美国的犹他怪坡也出现了"上坡容易下坡难"现象

> 地球上的物体都受到地心引力的作用,难道在怪坡上这种引力消失了吗?

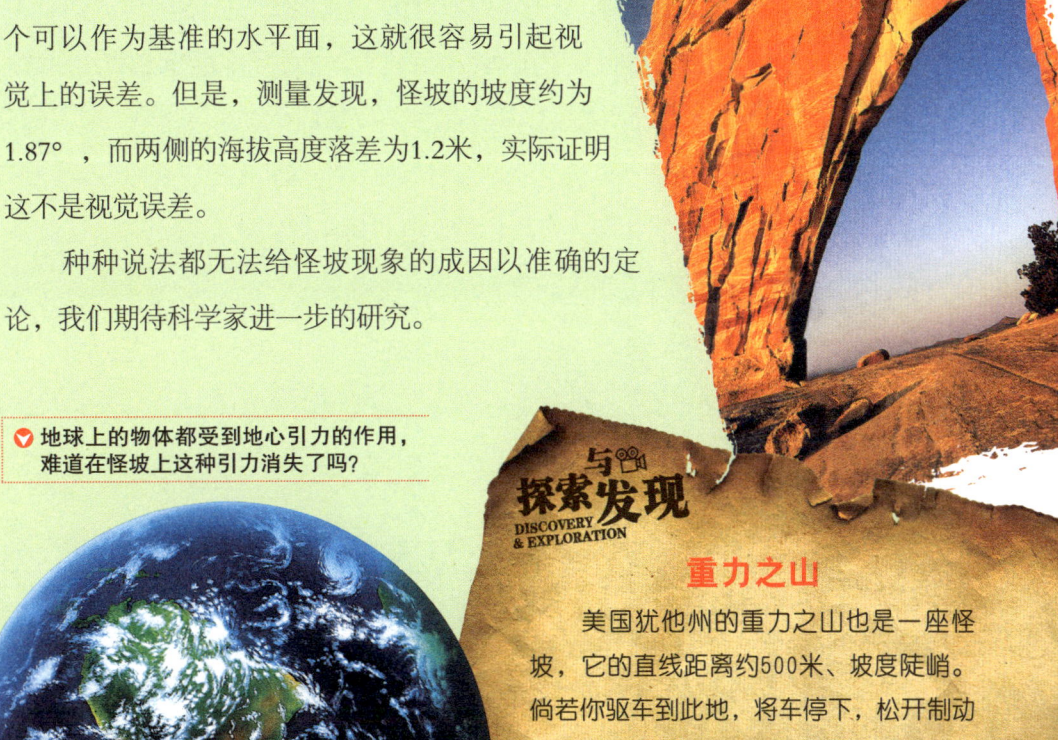

探索与发现
DISCOVERY & EXPLORATION

重力之山

美国犹他州的重力之山也是一座怪坡,它的直线距离约500米、坡度陡峭。倘若你驱车到此地,将车停下,松开制动器,汽车就好像被一种无形的力量拉着,缓缓地自行向山坡上驶去。

"神秘地带"为何怪事多

- "神秘地带"有什么奇怪的现象?
- "神秘地带"的奇怪现象是怎么形成的?

"神秘地带"位于美国加利福尼亚州圣塔柯斯镇西郊,它被四周郁郁葱葱的森林包围,显得小巧而别致。但就是在这个弹丸之地,发生了许多令人瞠目结舌的怪事。从圣塔柯斯镇到"神秘地带",需要经过两块石板。每块石板面积1平方米左右,它们之间相距约40厘米,在同一水平面上。据说,假如有一高一矮两个人各自踏上一块石板,人们就能够看到以下奇迹:原来身材矮小的人骤然变得比身材高大的那个人还要魁梧。假如两人互换位置,身材矮小的人会变得更矮小,而身材高大的人将变得更高大。假如他们俩频繁交换位置,则他们的身高也会频繁地拉长或缩短。

来到"神秘地带"的中心,映入眼帘的是一间小木屋。往屋子的侧

▼ 从表面上看,"神秘地带"与这样的树林毫无二致

▷ "神秘地带"也有一间这样的小木屋

面看，会发现一块木板伸向外面，无论从哪个角度看，这块木板都是明显倾斜的。而且，这块木板似乎有一种神奇的力量，能够使板上的物体自动向上滚。有人曾经将一个高尔夫球放在木板的最上端，结果发现球竟然没有往下滚落。这个人试着用手将球推向下边，球只是被迫缓缓地滚动几圈，然后又自动地滚回上端。

在相邻的另一间小木屋里，横梁上悬挂着一条铁链，铁链的下端系着一个像钟摆一样的圆形物体。只要你将这个"钟摆"向一个方向轻轻一推，甚至微微碰一下，它便能摆动起来。可是如果你朝反方向推它，即使用上全身的力气也很难使它摆动。更有趣的是，这个"钟摆"还会自动改变摆动方向，一会儿前后摆动，一会儿左右摇动。

太不可思议了！科学家做了种种试验与推测，却没有找到产生这些现象的原因。有人估计，"神秘地带"的地下物质的密度发生了变异，从而使地球引力和磁力作用的方向、大小产生了较大变化，最终导致了这些奇怪现象的产生。但是，这一假说至今没有得到证实。

探索发现 DISCOVERY & EXPLORATION

北纬30°的奇景

美国的密西西比河、埃及的尼罗河、伊拉克的幼发拉底河等，均在北纬30°入海。在这一纬度线上，有许多神秘而有趣的自然现象，如巴比伦的"通天塔"、加利福尼亚州的"神秘地带"等。

◁ 传说中的巴比伦"通天塔"也是一个谜一样的地方

印度红雨之谜

印度红雨的真实"身份"是什么？
印度红雨真的是地外微生物吗？

2001年7月，印度下了一场奇怪的红雨，密密的红色雨点从天而降，断断续续下了两个月。这场红雨引起了当地居民的恐慌与猜测。那么，这些红雨到底是什么？

> 有人曾怀疑，印度红雨是蝙蝠的血液

一些科学家认为，红雨中的颗粒是微小的海藻；另一些科学家认为红雨颗粒是真菌孢子；也有科学家认为，红雨的成分中有蝙蝠的血液，它是由陨星碎片击中飞行的蝙蝠引起的。

印度物理学家戈德弗里·路易斯博士驳斥了上述假说，因为无论是海藻还是真菌孢子都应有DNA存在，而提出这些观点的科学家并没有对红雨颗粒进行DNA检测。至于血液细胞说更不可能，因为血液细胞在与空气或水接触后会迅速死亡，不可能形成规模较大的红雨。

> 2001年，印度西部的这个城市曾下过长达两个月的红雨

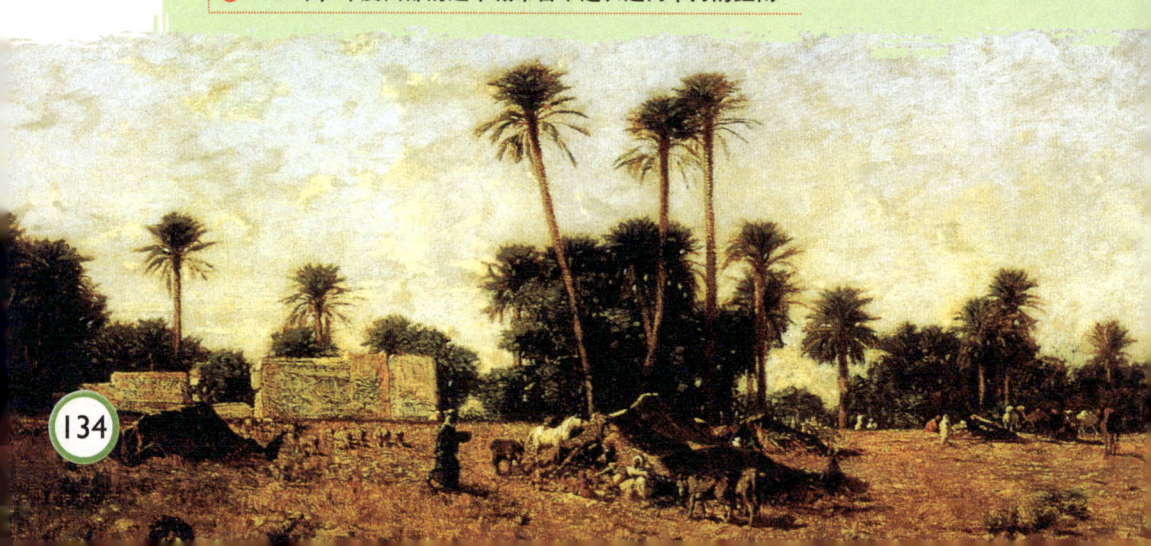

▲ 通常我们看到的雪都是白色的，很少有人看过彩雪

探索与发现
DISCOVERY & EXPLORATION

彩雪

在大千世界中，除了人们常见的白雪外，还有五颜六色的雪。例如：100多年前，北冰洋的一座小岛上曾下过一场绿雪；1881年，格陵兰岛上空下过一场红雪；1959年，南极上空也下过一场鲜红的大雪。

为了探明红雨的真实成分，路易斯博士与一些研究人员在出现红雨的地区每隔100千米设立一个观测点进行采样，很快就收集到红雨样品——红雨颗粒。红雨颗粒看上去十分细小，直径仅4～10微米，平均浓度为900万粒/毫升。他们在进一步研究中发现，在红雨颗粒的剖面，大细胞内部还有一个小细胞，但其中并没有DNA，这类小细胞在315℃的高温下也能繁殖。路易斯博士认为，这种红雨颗粒可能是能适应开放太空失重条件的地外微生物，它们与一些较小的陨星或彗星碎片一起坠落到地球上，陨星或彗星碎片在地球大气中分裂，然后与带雨云团混合在一起形成红雨。

还有一些科学家认为，要证明路易斯博士的观点是否正确，必须检测这些红色细胞中是否存在特殊的碳同位素。如果检测结果是肯定的，才能够证明路易斯博士的观点正确。目前这项检测仍在进行中，因而印度红雨之谜仍未解开。

◀ 红雨颗粒中并没有DNA，因而海藻说与真菌孢子说都被否定

陨石连续降落之谜

陨石为什么连续5次击中同一个地方？
陨石的降落与外星人有关吗？

一般情况下，我们难得见到陨石坠落在地球上的情形，但是波黑有一个叫拉迪沃杰·拉吉克的男子的家却连续5次被陨石击中。

2007年11月，天空下起倾盆大雨，一块陨石突然砸中拉吉克的屋子，此后，陨石又接连4次光临他家，而且每一次都是在阴云密布的雨天。这引起了拉吉克的恐慌，他认为，自己被外星人盯上了，否则自己的屋子怎么可能连续5次被陨石击中？拉吉克一遇到阴雨天就难以入眠，他常常担心陨石再次来袭。

专家们对坠落的石块进行了鉴定，发现这些奇形怪状的石块确实是"天外来客"。但是，他们认为陨石之所以频频击中拉吉克的家，可能跟当地特殊的磁场有关，而不是拉吉克所说的他被外星人盯上了。

陨石到底为何如此青睐拉吉克的家，目前专家仍在调查之中。

◀ 进入地球大气层的陨石

奇冰降落之谜

为什么说奇冰很奇特？
这块奇冰从哪里来？

1987年5月14日，河南省周口市北郊乡许营村发生了一件奇怪的事：下午5时左右，正坐在堂屋门前的村民朱凤英忽然听到一阵由远而近的呜呜声，她抬头一看，一道黑光从天而降，紧接着，一个圆柱状的东西落在距她约10米的地方。这个东西呈青蓝色，散发出浓浓的香皂味。它的直径约25厘米，厚度为8厘米，约重1千克。柱体的一面光滑平展，另一面却布满了麻点，中间还有一个带麻点的小圆坑，圆坑的直径约5厘米，深约3厘米。用手一摸，感觉冰凉透骨。

当天没有飞机从该地上空经过，因而这块冰不可能是从飞机上掉下来的

消息传开后，许多村民蜂拥而至。人们发现冰体较坚硬，要费好大的劲才能把它砸烂。更奇怪的是，有几位村民用冰块涂擦胳膊，虽然多次进行搓洗，但3天后香皂味仍然留存。还有人将冰块装在瓶子里化成水，发现冰水也是蓝色的。

奇冰是从哪里来的呢？有人说是从飞机上掉下来的，有人说是天上下的冰雹，还有人说是陨冰。但当天该地既没有飞机从上空经过，也没有发现明显天气变化，而且说它是陨冰也无法找到证据。因而关于这块奇冰的谜，至今无人能解。

奇冰融化后的水也是蓝色的

这块奇冰是一块陨冰吗？

少年探索发现系列
EXPLORATION READING FOR STUDENTS

人体静电能给手机充电吗

什么是静电？
为什么人体静电会干扰电器设备的正常工作？

在秋冬季节，当我们早上起来梳理头发，常会出现"怒发冲冠"的现象；脱毛衣时会听到噼里啪啦的响声，有时候还能够看到毛衣上星星点点的火花；用手碰金属门手柄时，常常会有一些小火花，这都是一些常见的静电放电现象。据说我国福建省福州市的李女士能利用身体所带的静电给手机充电，这真令人难以置信！

李女士多年来一直深受静电的困扰，尤其是在每年的冬天，她身上带的静电特别强，当手碰到金属物品时，会发出"啪"的响声，还带有小火花。有一次李女士碰了同事的电脑后，电脑里保存的资料和数据竟然全部丢失。更

▲ 人体的静电能使电灯亮起来吗？

▼ 假如人体积累的静电电压很高，就可能干扰电器设备的正常工作

你不可不知的科学之谜
INCREDIBLE MAGICAL MYSTERIES OF SCIENCE

◀ 实验发现，有人可以利用冥想在肌肉中产生静电

加令人奇怪的是，有一年冬天的一天，她拿原本只剩下一格电的手机打电话，过了一会儿，奇迹出现了：手机的电变成了满格！像这种手机被意外充电的情况以后又发生过好几次。研究发现，当人体积累的静电电压很高的时候，静电辐射的电磁场的确能干扰电器设备的正常工作，比如造成计算机数据丢失、死机等。而通过检查，李女士身上确实有比常人更多的静电。那么，她体内的静电真的能给手机充电吗？

◀ 静电放电现象

有人认为，这是不可能的。因为如果要给手机充电，必须提供持续流动的电荷，即电流。而静电是一种不流动的电荷，如果不放电，就不会形成电流。即使静电放电，过程也非常短，几乎是几十个纳秒（一纳秒等于十亿分之一秒）或者几百个纳秒的时间就完成了放电，持续时间很短。所以，人身体上的静电不可能给手机充电。

有人却认为，人体静电给手机充电完全有可能。因为事实胜于雄辩，有不少人亲眼看到李女士拿过的手机电池由一格变为满格，如果不是她体内的静电给手机充电的结果，又该如何解释这一现象呢？看来，人体静电到底能不能给手机充电，仍有待于专家进一步研究，予以科学解释。

探索发现 与
DISCOVERY & EXPLORATION

静电对人体的危害

静电对人体危害较大。这是因为静电不断吸附周围的尘埃，其中可能含有害物质，如病毒、细菌等，这些有害物质聚集在人体会影响人体健康。

139

机器人能取代人类吗

机器人会给人类带来威胁吗？
机器人会不会拥有人类那样的智慧？

在21世纪的今天，人类研制机器人的技术已经取得了重大进步，有些机器人连面部肌肉、说话声音都与人极为相似，还具有了简单的思维能力，几乎达到了以假乱真的地步。那么，随着科技的发展，机器人的功能日益强大，它们可能取代人类成为地球的主宰吗？

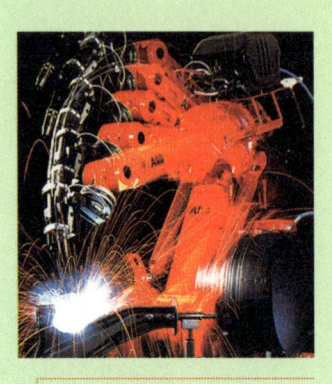

▲ 机器人可以代替人类做许多危险的工作

有的科学家认为，就目前的研究成果来看，机器人不太可能取代人类。现有机器人的智能主要来自于微小的芯片，这种芯片具有的巨大计算能力，能够将各种知识以数据的形式存储下来。机器人装上这种芯片后，就可以利用传感器和计算方法获取各种各样的信息，再通过一定的决策控制程序，指导自身完成各种动作。不过，这种芯片中的计算智能虽然能较好地处理事务性和计算性的工作，但都不能处理未知情况，难以适应快速变化的环境，无法像人一样进行创造性的工作。所以，即使一个能完成复杂任务的机器人，其智力水平也只是跟一个3岁小孩差不多。机器人能否在智力上超过人类，目前还很难说。

可是，有些科学家却认为，尽管在短期内机器

◀ 耐高温机器人可以从事人类无法从事的工作

你不可不知的科学之谜
INCREDIBLE MAGICAL MYSTERIES OF SCIENCE

▲ 第一个探索火星表面的机器人"漫游者"

人要取代人类还不太可能,但在不久的将来完全可以实现。因为现在科学家正尝试让机器人在不断遇到问题、解决问题的过程中学习、积累经验,形成自己的智能。不久的将来,新一代的智能机器人将是一种生物、电子、机械的综合体,它们具备繁殖、自我修复和创造能力,能灵活运用各种资源,具有坚固的结构和强大的动力。当然,这也带来了一个新的问题,当机器人具有了人类的智慧和情感后,也许它们不再甘于服从人类。那时候,智能机器人解开了人类用来控制它们的密码,有了自主选择的能力,就有可能违抗人类的指令,也可能会给人类的生存带来巨大的威胁甚至取代人类。

到底哪一种说法更可信呢?目前还没有权威的结论。看来,机器人会不会取代人类,只能让时间去证明了。

探索与发现
DISCOVERY & EXPLORATION

处理炸弹的机器人

处理炸弹的机器人能对装有爆炸物的包裹进行检测、处理。这种机器人体内装有一个照相机,当机器人用专门的开启装置打开包裹时,工作人员可以通过照相机进行观察并遥控指挥机器人。

▼ 功能日益强大的机器人会不会取代人类?

饱受争议的"芯片人"

什么是"芯片人"？
在人体内植入芯片为什么会引起争议？

美国佛罗里达州有一个家庭的3名成员，分别在体内植入了一个计算机芯片，成为美国首批"芯片人"。这种计算机芯片是一个只有米粒大小的超微型芯片，它被植入实验者的背部。植入后，人可以借助芯片与电脑交流，芯片可以被手持扫描仪读出。扫描仪发出的电波会激活芯片，传回含有芯片携带者身份的数据信号。然而，这一尝试在世界范围内引起了争议。

▲ 有些精密的芯片可以接收卫星发出的全球定位坐标

支持者认为，人体芯片只需要在中央计算机中输入一些数据，就可以随时调阅芯片携带者的相关信息。在体内植入这种芯片后，人们不仅可以根据芯片携带者身份的数据信号来辨别身份，还可以保存重要的医疗信息、监控病情等，非常方便、实用。

反对者则认为，有了这种芯片，人类将没有任何隐私可言。而且，假如犯罪团伙掌握了这种芯片，神不知鬼不觉地在受害者体内植入的话，后果将不堪设想。此外，人们也不知道，长期将芯片植入是否会给人体带来危害，因为实验并没有完全排除这种可能性，所以这种芯片是否能应用到人体还很难说。

◀ 长期将芯片植入人体是否会带来危害？

人体芯片能否与人脑相连

> 芯片能否进入人脑？
> 人体芯片能代替正常的神经功能吗？

将芯片植入大脑，代替正常的神经功能，这样的情节经常在科幻小说中出现。那么，现实中能否实现人体芯片与人脑相连呢？

▲ 传统芯片

有人认为，这有可能实现。其依据是2004年美国罗得岛州一家医院在一名瘫痪患者脑中植入了一个芯片，将他成功地打造成"仿生人"。植入人脑的芯片只有一粒药片般大小，表面密布着100根比发丝还细的电极，这些电极插入大脑中负责控制运动的皮层运动区深处，并收集附近的神经细胞发出的电子信号。这些信号再通过芯片上的细金属线传到大脑头皮的钛基座上，再经由一根电线传输到计算机里，"仿生人"就可以用想象控制物体。这一切都表明芯片可以进入人脑。

对以上观点持反对意见的人认为，撇开人们对大脑动手术的畏惧不说，电线穿过的地方有可能引起感染，而且在这个试验中，芯片产生的效果也极其有限。另外，芯片能稳定工作多长时间还是未知数。加上目前用的外部芯片解码装置太庞大，因此，不能单凭上述试验就推断人体芯片能与人脑相连。

如此看来，人体芯片能否实现与人脑相连，还有待于科学家进一步探索。

▶ 科学家设想，在人脑中植入芯片后，被植入的人就可以用想象控制物体。

生物芯片之谜

生物芯片与硅芯片相比有哪些优势？
生物芯片如何才能取代硅芯片？

在传统的芯片制造业里，硅芯片一直占据着主导地位，这种用硅制作的芯片，曾经给芯片业带来繁荣。但是，芯片业存在着一个摩尔定律，即每过18个月，同等面积芯片上的晶体管数目将会增加1倍。按这种发展规律，传统的以硅为基础的芯片会不断缩小，但这有可能导致其缩小到无法工作的程度。面临这一困境，有人提出用生物芯片取而代之。

▲ 晶体管

所谓生物芯片就是在一块指甲大小的玻片、硅片、尼龙膜等材料上放上生物样品，然后由一种仪器收集信号，用计算机分析数据。生物芯片也就是人工智能专家梦寐以求的智能芯片，是实现生物计算机的关键。生物芯片相当于现代计算机所采用的硅芯片，但它的功能比硅芯片要完善得多，包括信息传输、开关、逻辑运算等。那

▽ 由于受摩尔定律的影响，以硅为材料的芯片会不断缩小

探索发现

生物计算机

有些组成生物的蛋白质分子非常神奇，具有像开关一样的功能。因此，科学家目前正研究如何利用遗传工程技术，仿制出这种蛋白质分子，然后以此为元件制成生物计算机。

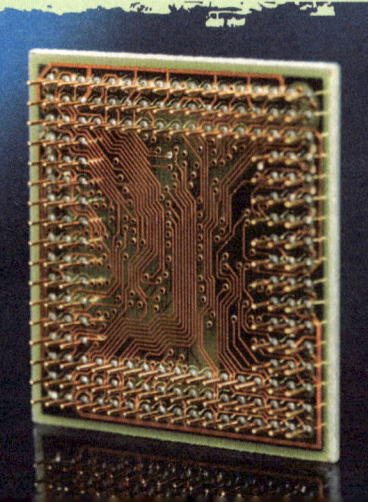

么，生物芯片有没有可能替代硅芯片呢？

对于科学家来说，制作生物芯片的首要任务是寻找适合制作的生物分子。据报道，美国的一些科学家已经成功地用水蛭的神经元构成了生物计算机。科学家们将微小的电极插入培养皿中的神经元，再对它们加以利用。结果发现每个神经元都能以自己的方式应对电流的刺激并产生电流活动。这种设备可以"自己进行思考"，原因是水蛭的神经元可以自己形成相互之间的联系，这就意味着由生物芯片制成的计算机可以自己找到解决问题的方法，而用普通的硅芯片制作的计算机只能依据程序员的指令形成这种联系。这一研究成果为生物芯片取代硅芯片提供了可能。

▲ 生物芯片计算机将比普通电脑功能更完善

但是，目前生物芯片仍处于研制阶段，生物芯片技术仍然存在着许多难以解决的问题，例如：技术成本昂贵、检测灵敏度较低、分析范围较窄等。因此，我们只能期望在不久的将来，基于生物学信息传导和信息处理方式的生物芯片取代硅芯片。

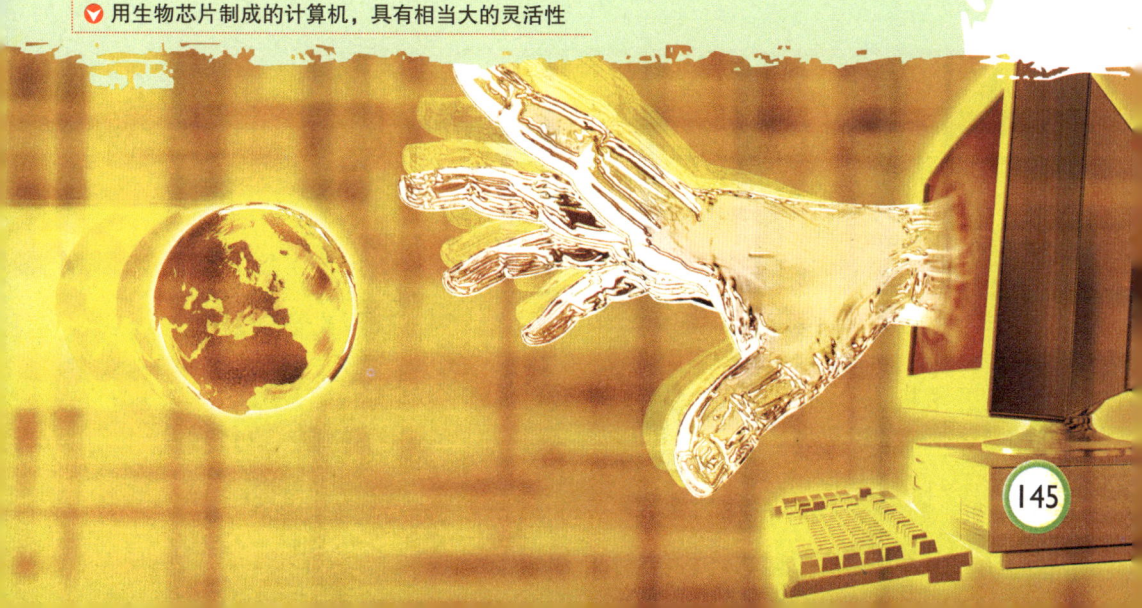

▽ 用生物芯片制成的计算机，具有相当大的灵活性

揭秘高温超导体

超导材料有哪些实用价值？
高温超导的机制是什么？

20世纪初，荷兰科学家卡茂林·昂尼斯的一个意外发现震惊了世界，并使他获得了1913年诺贝尔奖。原来，卡茂林在实验中发现，假如将汞冷却到-268.98℃，汞的电阻就会突然消失。此后，他又发现许多金属和合金都与汞一样，具有在相似的低温下失去电阻的特点。不久，人们还发现，由于导体没有了电阻，电流流经超导体时就不会产生热损耗，可以毫无阻碍地在导线中形成强大的电流，从而产生超强磁场。这种现象称为超导电性，这一温度称为临界温度。

超导材料具有极大的实用价值。例如，人们可以利用超导材料的零电阻特性来输电和制造大型磁体。超高压输电会产生很大的损耗，而利用超导体则可以最大限度地降低损耗，但由于临界温度较高的超导体还

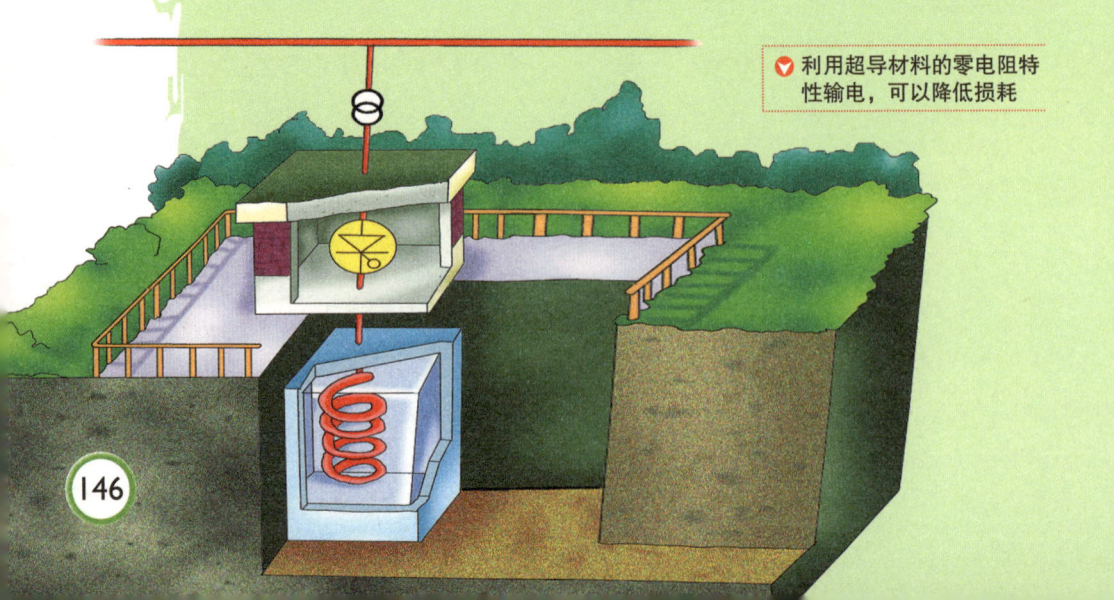

▲ 超导材料

▼ 利用超导材料的零电阻特性输电，可以降低损耗

> 利用超导输电可最大限度地降低损耗

未进入实用阶段,从而限制了超导输电技术的应用。因此,科学家们在努力地探索高温超导体。随着科技的发展,科学家发现钡、镧、铜氧化物的超导温度是30℃;后来,他们又发现了14℃下存在超导迹象。至此,高温超导体的研究取得了巨大突破。可是,一开始就有一个问题摆在科学家的面前:高温超导体的超导机制是什么?经过数年的努力,高温超导理论虽然取得了一些进展,但目前尚处于一种百家争鸣的状态,还没有达成统一的认识。

巴丁、库珀、施里弗等科学家提出的BCS理论(超导微观理论)认为,超导体的超导机制是声子(晶格的振动)与电子紧密结合,构成超导电子,使金属呈现出超导状态。但这种理论只能够解释极低温度下的超导材料,即低温超导体的超导机制。大多数科学家认为,高温超导体的超导机制与声子无关,因而无法用BCS理论解释。

不过,最近东京大学和斯坦福大学的科学家在联合进行的实验中发现,在高温超导体的铜氧化物中,声子与电子会相互结合,从而为找到声子与超导机制的关联提供了直接证据,同时也向那些认为声子与高温超导现象无关的科学家提出质疑。可是高温超导体的超导机制到底是什么,两校的科学家仍没有给出更合理的解释。

探索与发现 DISCOVERY & EXPLORATION

气体的临界温度

即气态物质处于临界状态时的温度。一般情况下,气体要液化,必须降温加压。但是,如果气体温度超过了它的临界温度,无论怎样增大压强,气态物质也不会液化。

"太阳脉动"能实现吗

> 什么是太阳能飞机?
> 太阳能飞机能实现永久飞行吗?

近年,瑞士探险家皮卡尔提出了挑战太阳能飞机环球载人飞行的构想,计划利用取之不竭的太阳能实现永久飞行,并在网上进行实景模拟试验,为首架样机试飞和最终环球载人飞行做准备。这一计划被命名为"太阳脉动",它一旦实现,将意味着太阳能飞机实现永久飞行。那么,"太阳脉动"可能实现吗?

我们知道,要使太阳能飞机发挥出惊人的续航力,必须有取之不竭的太阳能。从理论上说,只要太阳能飞机可以追上地球自转的速度,使机身一直暴露在阳光的照耀下,就能不断获得太阳能作永久飞行,直到飞机部件自然损耗为止。但实验证明,如果飞机要跟上地球的步伐,必须以接近两倍音

▲ 超音速客机能以接近两倍音速的速度飞行

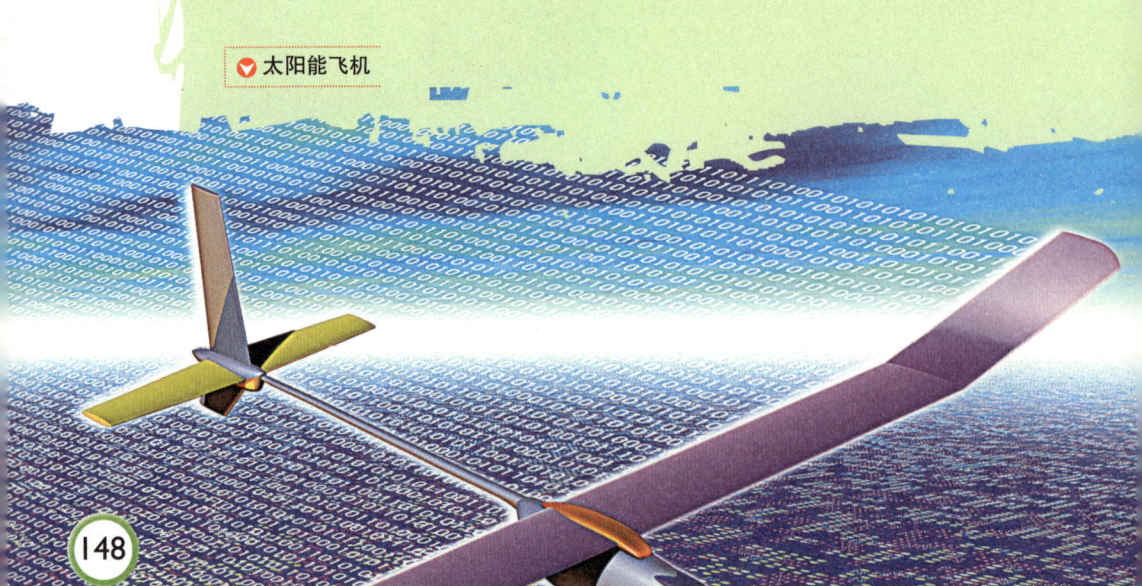

▼ 太阳能飞机

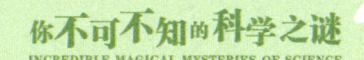

你不可不知的科学之谜
INCREDIBLE MAGICAL MYSTERIES OF SCIENCE

探索与发现
DISCOVERY & EXPLORATION

太阳能飞机

以太阳能为推进能源的飞机叫太阳能飞机，其动力装置由太阳能电池组、直流电动机、减速器、螺旋桨和控制装置组成。美国在20世纪80年代初就研制了"挑战者"号单座太阳能飞机，并试飞成功。

▲ "协和"超音速客机，可以达到与地球同步的速度，而太阳能飞机无法达到

速的速度飞行。目前来说，只有已经退役的"协和"超音速客机才能做到，其他飞机尚不具备这种实力。因此，太阳能飞机要实现永久飞行，必须面对黑夜的挑战。可是，飞机在夜间无法采集阳光，只能依靠电池在白天储蓄的有限太阳能来工作。那么，飞机能否储备足够的太阳能，保证夜间飞行呢？

皮卡尔认为这是可以实现的，只要蓄电池的能量密度和重复充电能力、太阳能电池板的能量转换效率以及电动机的正常运转能得到保证，太阳能飞机就能够在空中持久飞行下去。为了验证自己的观点，他在模拟试验中充分考虑了太阳能飞机可能遇到的各种情况。例如，飞机采取在白天攀升到高空而夜间降低飞行高度的做法，以节省能源。此外，模拟试验还要考虑恶劣天气的影响，尽量避开云层，最大限度地获取阳光。为节省能源，减轻重量，皮卡尔还设计了只能容纳1名飞行员的驾驶舱，并在飞机底部安装太阳能光电板，以接受反射的阳光。有了这些装备，太阳能飞机是否就可以实现永久飞行呢？目前仍是个谜。

▶ 太阳能蓄电装置

少年探索发现系列
EXPLORATION READING FOR STUDENTS

纳米技术能攻克癌症吗

如何用纳米技术治疗癌症？
运用纳米技术攻克癌症面临哪些障碍？

纳米是英文nanometer的译名，是一种长度单位，相当于一米的十亿分之一，大概有45个原子串起来那么长。纳米在医学等领域发挥着神奇的作用，有些科学家正致力于研究用纳米技术来对付人类生命最大的威胁之一——癌症。美国科学家甚至预言：纳米技术将消除癌症给人类带来的痛苦和死亡。这可能吗？

▲ 用纳米材料制成的微型医疗装置

在医学上，癌症治疗的关键是如何将合适的药剂运入癌细胞内，这也是目前癌症研究面临的一大难题。美国一些专家认为，可以用RNA纳米技术研制成基因材料颗粒，将抗癌药剂直接运送到癌细胞内，成功阻止癌细胞生长、扩散。他们还设计和制造出了可以寻找和杀死恶性肿瘤细胞的镀金纳米壳，并成功地应用到实验鼠身上。研究人员先将纳米壳"运送"到癌组织中，然后用近红外线从身体外部照射癌变组织。近红外线穿过人体正常组织来到癌

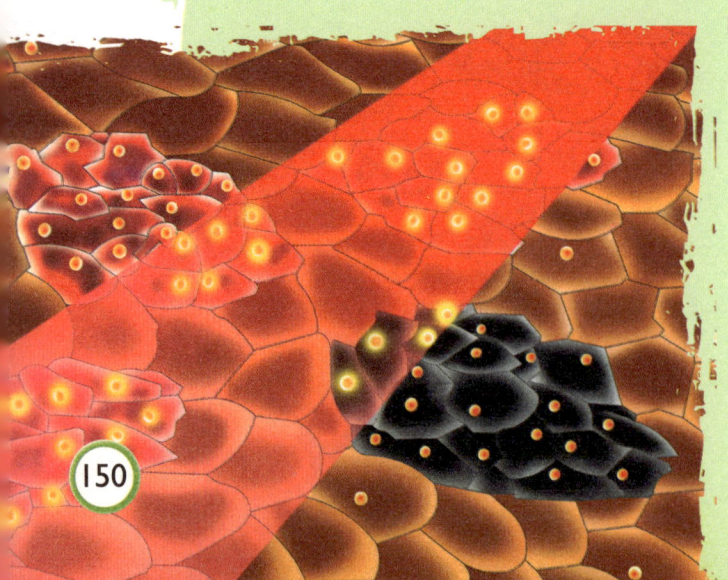

◀ 纳米技术在医学方面的应用前景广阔

你不可不知的科学之谜
INCREDIBLE MAGICAL MYSTERIES OF SCIENCE

△ 微小的纳米机器人被送入病人体内跟踪病情

探索与发现
DISCOVERY & EXPLORATION

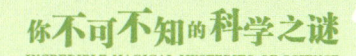

纳米材料

纳米材料由纳米粒子组成，它在自然界中早就存在。中国古人曾经收集蜡烛燃烧的烟尘来制造精墨，这种烟尘就是纳米尺寸的碳墨。当材料被细分到纳米级别时，就会具备奇异的特性。

变组织时，能被埋藏在癌变组织中的纳米壳吸收。随着吸收量加大，纳米壳的温度开始上升，致使其周围的癌变组织升温并死亡。随着新技术的不断完善和风险的降低，科学家们将把这一技术用于人体试验。

有一些专家却认为，利用纳米技术攻克癌症，面临着许多障碍，而且纳米技术、纳米颗粒本身对生物、环境也会造成一定的危害。例如，一些纳米粉体被吸入人体后，会对人体产生严重的破坏作用，还有可能引发癌症。因为纳米技术可以制造并操控1纳米大小的物质，这些微小的纳米粒子在穿透细胞膜时可能将异物带入DNA链。研究人员还在实验中发现，鱼类摄取少量碳纳米物质后患上了脑癌；实验鼠在吸入碳纳米管（由碳原子组成的管状分子）后出现了肺病的症状。这都说明，纳米技术并非十全十美。

看来，纳米技术能否给癌症患者带来福音，仍需进一步研究。

▷ 显微镜下的纳米材料

图书在版编目 (CIP) 数据

你不可不知的科学之谜/龚勋主编. —汕头：汕头大学出版社，2018.1（2025.2重印）
（少年探索发现系列）
ISBN 978-7-5658-3251-2

Ⅰ. ①你… Ⅱ. ①龚… Ⅲ. ①科学知识—少年读物
Ⅳ. ①Z228.1

中国版本图书馆CIP数据核字（2017）第309819号

少·年·探·索·发·现·系·列
EXPLORATION READING FOR STUDENTS

你不可不知的科学之谜
NI BUKE BUZHI DE KEXUE ZHI MI

总 策 划	邢 涛
主　　编	龚 勋
责任编辑	汪艳蕾
责任技编	黄东生
出版发行	汕头大学出版社
	广东省汕头市大学路243号
	汕头大学校园内
邮政编码	515063
电　　话	0754-82904613
印　　刷	水印书香（唐山）印刷有限公司
开　　本	720mm×1000mm 1/16
印　　张	10
字　　数	150千字
版　　次	2018年1月第1版
印　　次	2025年2月第8次印刷
定　　价	19.80元
书　　号	ISBN 978-7-5658-3251-2

● 版权所有，翻版必究　如发现印装质量问题，请与承印厂联系退换